I0376120

www.ingramcontent.com/pod-product-compliance
Lightning Source LLC
Chambersburg PA
CBHW071233080526
44587CB00013BA/1594
* 9 7 8 1 7 7 8 1 9 8 2 8 1 *

أقلام صادقة

(الجزء الثاني)

Author/Publisher
Khaled Homaidan
Toronto – Canada

Reference # CMC33/23
Phone: 1.647.977.6677 - 1.647.242.0242
email: cmcmedia@rogers.com

المجموعة الكاملة

(8)

أقلام صادقة - الجزء الثاني -

منشورات خالد حميدان
تورنتو - كندا
الطبعة الثانية - 2023

خالد حميدان

أقلام صادقة - الجزء الثاني -

الطبعة الثانية - 2022

Author: Khaled Homaidan المؤلف: خالد حميدان

Publisher: Khaled Homaidan
khaled.homaidan@gmail.com

Address: 58 Pinecrest St. Markham ON, L6E 1C2
CANADA

Title: Aklam Vol 2 المجموعة الكاملة (8) كتاب "أقلام صادقة" (2)

Language: Arabic

Reference #: CMC33/23

ISBN: 978-1-7781982-8-1

تصميم الغلاف والإخراج للمؤلف

*****

جميع الحقوق محفوظة للمؤلف

All rights reserved © Khaled Homaidan 2023

Phone: 1.647.242.0242

E-Mail: khaled.homaidan@gmail.co

الإهداء

هدية وفاءٍ ومحبة

إلى أمي التي أرضعتني الحبَّ قطراتٍ من حنان..

إلى فادية.. رفيقة عمري وملهمتي على درب الانسان..

إلى حبيبيَّ ديالا وضياء اللذين أعطياني السعادة بتجسيدهِما الحب في الحياة..

وتحية الإجلال والإكبار إلى روح أبي الذي، مهما بعدت بيننا المسافات، يبقى لروحي أيقونة الحب الأبدي والأمل الذي لا يموت..

المقدمة

ترددت كثيراً قبل أن أعدَّ هذا الكتاب وأجمع المواد التي سيتألف منها خاصة أن بعضها قد ورد إما في أحد الكتب التي كنت قد نشرتها سابقاً وإما في إحدى افتتاحيات جريدة "الجالية" التي أصدرها في تورنتو ـ كندا. إلا أن القصد من ورودها هنا إلى جانب المقالات الأخرى الموقعة باسم أصحابها، هو أن تكون ضمن الإطار العام المتجانس الذي اخترته لهذه المجموعة، أي الإطار الوجداني في الرأي والتعبير، حيث تتصدر الكتاب مقطوعات قيمة بأقلام صادقة شرفني أصحابها بتخصيص كلمة أو مقال حول ما جاء في مؤلفاتي السابقة..

كما يتضمّن الكتاب بعض الشخصيات التي تناولتها في السابق، في مقالة أو دراسة أو رسالة مباشرة، والبعض الآخر ممن شرفوني بالكتابة عني في مناسبات مختلفة.

وكان القاسم المشترك بين هذه المقطوعات، النفحة الوجدانية التي تجلت بين الكلمات ودلت على نبل في

الأخلاق وصدق في المشاعر. ومن بين هؤلاء شخصيات دينية وسياسية وأدبية وعلمية وإعلامية معروفة كانت لها بصمات نافرة في الحياة العامة. ومن أجل هذا حمل الكتاب الذي بين أيديكم عنوان: "أقلام صادقة".

"أقلام صادقة".. قد لا تروق التسمية لبعض الناس كما أنها قد لا تروق للبعض الآخر مجرد فكرة الكتاب، خاصة هؤلاء الذين لم يتعودوا على هذا النوع من الأدب الوجداني أو الإنساني، ويرون أن مثل هذه المقطوعات فيها الكثير من المبالغة والوصف غير الواقعي كي لا يقولوا تبخيراً أو ممالقة.. وإلى آخر ما يتصوره هؤلاء من معزوفات تخدم حسهم الانتقادي (وليس النقدي بالطبع). والغريب في الأمر أنه تزداد لديهم حدة التوتر والانتقاد عندما يعترضون على استخدام الصور في الكتاب ويرون في ذلك ذروة في حب الظهور والمباهاة..
لن أذهب بعيداً لمناقشة ما يدور في رأس المنتقدين وإن كان عليّ أن أشير إليه بتعليق سريع لا بد منه:

أولاً: فيما يتعلق بتصميم الغلاف، نادراً ما كان يوضع تصميم لغلاف الكتاب في السابق. وإن حصل، كان يحصر الاهتمام باسم المؤلف وعنوان الكتاب دون الاهتمام بالتنسيق بين الأحرف والخطوط المستخدمة. أما في فن النشر الحديث، فقد تم الحرص على إظهار كل من

هذه الأسماء بوضوح وتمييز بارزين. أضف إلى ذلك الرسم أو التصميم المناسب لمضمون الكتاب. وهنا يكتمل الإخراج بأجمل حلة بتزاوج الكلمة والصورة والألوان المستخدمة.

ثانياً: فيما يتعلق بمضمون الكتاب، فقد كان يعتمد أساساً ولا يزال على النصوص، ولم يكن للصورة أي مكان فيه. أما اليوم ففي الإعلام المقروء، قلما تجد مقالاً أو خبراً أو تحقيقاً أو بحثاً إلا وتضمن بعض الرسوم والصور التي تتلاءم مع النص. فمن الناحية التقنية، الصورة تشدد على المعنى الوارد في النص فتقترب الفكرة من القارئ أكثر فأكثر. ومن الناحية الفنية أو الشكلية، فإن إدراج الصورة الملائمة للمضمون، يضفي على النص شيئاً من الجمال ويخلق لدى القارئ نوعاً من التشويق والرغبة في طلب المزيد. والأمثلة على ما نقول كثيرة ومتوفرة في جميع المكتبات للراغبين في التحقق والاطلاع.

سألني منذ أيام أحد الأصدقاء قائلاً: هل تعد شيئاً جديداً لإصداره خلال هذا العام؟ فأجبته قائلاً: بالطبع.. لن أدع هذه السنة تمر دون أن أترك فيها بصمة ولو متواضعة. والسبب هو أنني عاهدت نفسي قبل انقضاء السنة، أن أجمع المقطوعات الوجدانية التي كتبتها حول شخصيات تناولتها في وقت من الأوقات، وضمها في كتاب واحد إلى

جانب مقالات ومقطوعات أدبية صدرت حول مؤلفاتي لكتّاب أصدقاء أعتز بصداقتهم وصدق مشاعرهم.
فانتفض الصديق على الفور، لوقع المفاجأة (ربما)، وقال بكل "جرأة" وارتجال (كي لا أستخدم كلمة آخرى جارحة): "يعني يمكن القول صراحة أنه كتاب نموذجي في المفاخرة والمباهاة ليس إلا". فأجبته على الفور وقد فاجأني تسرعه: وهل في هذا ما يعيب علينا سعينا الدؤوب من أجل قول الحقيقة؟ خاصة إذا كانت المادة تظهيراً واعترافاً بالآخر وإبداعاته بدافع التقدير والمحبة..
فابتسم دون الإجابة وكأنه يخفي ما لم يقله بشيء من الخبث. وإنني على يقين أن ما يفكر به هذا الصديق ومن يشاركه الرأي، نابع من ضعف المنطق لديه والحكم السطحي على الأشياء. أما أنا فلي وجهة نظر مختلفة.. العيب ليس في إظهار المشاعر الصادقة وإعلانها وإنما في التخفي والتجاهل وإنكار الحق على أصحابه..

تقضي فلسفة هؤلاء المنتقدين أن نترك للناس أن تتحدث عنا عملاً بالتقليد المتعارف عليه أي "التواضع". والواقع أن التواضع بهذا المنحى، هو التلطي في الخفاء الذي يفقدك كل الفرص في الحياة، وإن دلّ على شيء فعلى قصر في تفكيرك وضعف في شخصيتك.. لذلك لا تتردد في إظهار ما لديك من مواهب ومعرفة، شرط أن تكون واثقاً مما تقول أو تفعل وبعيداً عن الادعاء، وحدّث عن

نفسك أينما حللت، فإن أنت لم تُعلم الناس بما تتميّز به وتعلم، أهملك الجميع ولن يحدِّث عنك بما فيك أحد..
من هنا كان قراري الجازم في إصدار هذا الكتاب بالمضمون والشكل اللذين تخيلته بهما دون التأثر بما يفترضه الآخرون، مراعاة أو مجاملة، عله يلقى إعجاب "الأصدقاء الأوفياء" وهذا جل ما أسعى إليه في النهاية..

➤

خالد حميدان يرد على كلوفيس مقصود:
رؤية إصلاحية مثالية.. لنظام عربي غير موجود..

2009/5/28 - جريدة "الجالية" - العدد رقم 50

قام مركز "الجزيرة" للدراسات مؤخراً بنشر ملف حول الأزمة التي يعيشها النظام العربي الرسمي - حيث شارك فيه عدد من الدارسين والمفكرين العرب - قدم خلاله الدكتور كلوفيس مقصود مراجعة نقدية ومقترحات عملية للخروج من الأزمة، نشرت في العدد السابق رقم 49 من جريدة "الجالية". إننا وإذ عمدنا إلى نشر تلك المداخلة، فلأن الدكتور مقصود يكاد يكون من القلة القليلة أو ربما المفكر الوحيد الذي لا يزال يعالج الأزمات السياسية والاقتصادية في هذا الجزء من العالم على قاعدة القومية العربية التي ترتبط، بحسب اعتقاده، ارتباطاً وثيقاً بالفكر الوحدوي للأقطار العربية.

وبالمقارنة مع ما جاء في مداخلات الآخرين ممن شاركوا في الملف، يبدو د. مقصود في وادٍ والآخرون في وادٍ آخر، حيث أنه ذهب بعضهم إلى نفي وجود نظام عربي رسمي موحد (وهذا صحيح)، بينما اتجه البعض الآخر إلى توصيف حالات عربية ومنهم من قام بعروض تاريخية أو تحليلات سياسية، هي بمعظمها إن لم يكن جميعها، خارجة عن الموضوع الذي طرحته الجزيرة، وقد تؤدي إلى زيادة البلبلة الفكرية بدلاً من أن تخدم موضوع التقارب العربي المطروح.

لذلك سأكتفي بالرد على ما جاء في مداخلة الدكتور مقصود علني فيما سأعرض، نقترب أكثر فأكثر مما قدّمه من مقترحات. وإنني في أي حال مدين للصديق د. كلوفيس بالكثير لما أخذت عنه من نهج موضوعي في التحليل وأدب الحوار، وقد كانت طروحاته الفكرية في أكثر من مناسبة حافزاً لي قوياً اضطرني إلى إعادة النظر والعودة إلى الينابيع. فإنني وإن كنت سأعارضه في بعض ما جاء في مداخلته إلا أنني أؤكد جازماً على أن

ذلك يصب في مصلحة وإغناء الموضوع الذي طرحته الجزيرة على أمل أن تتبلور الرؤية في اتجاه اتحاد عربي حقيقي كامل المواصفات النهضوية والقانونية وبالتالي قيام "النظام الرسمي العربي" المنشود..

أولاً: هل هناك نظام رسمي عربي؟

إن السؤال الذي طرحته "الجزيرة" حول أزمة "النظام الرسمي العربي" والذي يتجه للوقوف على أسباب الأزمة وانعكاساتها على المرافق الحيوية في العالم العربي وبالتالي طرح الحلول الممكنة والاستشراف للمستقبل، قد لاقى الجواب المباشر في مداخلة د. مقصود إذ قال: " إن الأمة العربية على مستوى "نظامها الرسمي" هي فاقدة للمناعة.. والنظام العربي الرسمي القائم لا يشكل للشعوب العربية مرجعية موثوقة توجهها، ولا إطارا ينظم مسيرتها ويضبط خطواتها". ثم يضيف: "هذه الصورة القاتمة ليست ناشئة من فراغ، بل بعض أسبابها يكمن في التباين واختلاف الظروف الموضوعية التي أدت إلى إنجاز استقلال الدول العربية في مراحل مختلفة، ومن تعدد القوى الاستعمارية والمهيمنة، التي أفرزت بدورها طواقم محلية انبهرت بمظاهر "السيادة" وما أفرزته من مصالح أدت إلى تفاوتات اجتماعية واقتصادية بين أقطار النظام العربي وداخل كل منها".

قد تبدو نظرة د. مقصود واقعية وجديرة بالدراسة والتحليل لو كان المعني بالأزمة أمة واحدة موحدة

بأرضها وشعبها وتعاني (كما يقول) من فقدان المناعة. لكن والحديث عن دول عربية مختلفة ومتعددة الأهواء والنزعات والايديولوجيات، فليس ما يبرر هذا القول وليس هناك من طرح واحد أو رؤية واحدة صالحة لحل الأزمة القائمة.

هذا من جهة، أما تسمية "النظام الرسمي العربي" وكأن هناك نظاماً رسمياً عربياً واحداً، هو افتراض بغير محله لكثير من الأسباب إذ يختلف النظام السياسي المعمول به في العالم العربي من دولة إلى أخرى. وإن كان الرد على اعتراضنا هذا بأن التسمية جاءت باعتبار ما يجب أن يكون، أعتقد أنه لا تصح التسمية واعتبار مثل هذا النظام قائماً إلا متى اكتملت العناصر المكونة لقيامه. وبعد ذلك تصح المراجعة النقدية وتظهير الأزمة التي يعاني منها النظام، كما يصح طرح الحلول الملائمة لها.

أضف إلى ذلك أن النظام السياسي في العالم العربي ليس واحداً أو متجانساً، كما أنه ليس هناك اتحاد قائم يوجب على الأقطار العربية الالتزام بالنظام الواحد. ففي الهوة الواسعة القائمة بين المملكة والأمارة، والجمهورية والجماهيرية، والسلطة والسلطنة، تتعثر هوية النظام وطبيعته، ويكاد أن يكون لكل قطر عربي نظام سياسي خاص به. وبانتظار أن تزول الحدود وتُكسر القيود، وبانتظار أن تعاد قراءة التاريخ والجغرافية، فلا مبرر للإسراع في طرح افتراضات لا توصلنا إلى هدف،

وخاصة الادعاء بوجود "نظام رسمي عربي".. وبرأيي المتواضع، كان على كل من شارك في هذه الدراسة أن يتوقف عند هذا الحد. ذلك أن كل ما سيلحق، وإن توفرت في بعضه تحليلات قيمة، إلا أنه يبقى خروجاً عن الموضوع أو قل إجاباتٍ على أسئلة غير مطروحة في ملف الجزيرة..

من هنا أرى أنه قد يكون إيجابياً ما طرحه الدكتور مقصود، إلا أنني أتحفظ على النتائج للاعتبارات التي سبقت، مع التأكيد على الرأي بأن النظام السياسي الصالح يلزمه الأرضية الصالحة للتطبيق.

ثانياً: الوعي القومي لإثبات الحق وليس لقيام النظام؟

يركز كلوفيس مقصود على ضرورة وعي الأجيال الصاعدة للحقيقة القومية والتفاعل مع مشروع تنمية مستدامة يعيد النجاعة للنهضة ويرسخ القناعة بوحدة المصير العربي المرتبط بالوحدة العربية. ويقول في هذا المضمار: "يتطلب هذا الواقع مراجعة عميقة لمفهوم القومية ولإعادة تعريفها، بما يلبي أمن وأمان الانسان العربي، ويحدد بشكل واضح ماهية الثوابت، ومن ثم تمكينها من التكيف مع المستجدات والمتغيرات المتكاثرة".

وهنا أيضاً يدخل الدكتور مقصود بالافتراضية عندما يعتبر بأن على الأجيال الصاعدة أن تتفاعل مع مشروع التنمية المستدامة لاستعادة العمل النهضوي، وفي هذا ما

يوحي وكأن عامل النهضة قد توقف في العالم العربي (وهو لم يبدأ بعد) نتيجة فقدان البوصلة والمرجعية الموثوقة بعد أن قطع أشواطاً بعيدة. وبمعنى آخر يعتبر د. مقصود بأن النهضة تمر في حالة مرضية مؤقتة وأن الحل سيكون حتماً على الطريق السوي متى تمت "استعادة النهضة" بفعل الوعي القومي. كل هذا من غير أن يشرح كيف تتم مراجعة مفهوم القومية أو إعادة تعريفها، لنتمكن من فهم كيف تستعاد النهضة. والواقع الذي نعرفه جميعاً هو أنه حتى هذا التاريخ من عمر العالم العربي، لم تبدأ فيه نهضة قومية حقيقية بعد، لأن البلدان العربية تعيش في فوضى المفاهيم والبلبلة الفكرية ولم تحسم أمرها بعد من القواعد الأساسية التي حتَّمت نشوءَها، فكيف لها أن تعي حقيقة لم تكتشفها بعد؟

وإذا كان لنا أن نقف على تعريف لمفهوم "الأمة" نقول بما توصل إليه الباحثون والمؤرخون، أي إنها وحدة الشعب (وليست وحدة الشعوب) التي تولدت من وحدة الحياة على مدى حقب تاريخية طويلة في بيئة جغرافية واحدة. و"القومية" (أو الوعي القومي) هي تنبه أو إدراك هذه الأمة لوحدة الحياة على أرضها الواحدة ولشخصيتها ومميزاتها ووحدة مصيرها، بحيث تنشأ معها رابطة المجتمع الوطنية القائمة على وحدة المصالح الحيوية والنفسية، وليست رابطة فئة أو دين أو طائفة.

أما "النهضة القومية" التي يكثر الكلام عنها في هذا المجال، هي الأخرى ذات مدلول واضح لا يمكن أن يعني شيئاً خارج إطار الأمة المعنية، ذلك أن النهضة تحتم وحدة العمل الجماعي والاجتماعي فيما يخدم تطور وارتقاء الأمة انطلاقاً من الوعي القومي الذي مرّ ذكره. إن الوقوف على ما تعنيه هذه المصطلحات يسهّل علينا فهم معنى الدولة وشكل النظام السياسي أو الثقافي التي تعمل من خلاله. فإن كانت الدولة تعني المظهر السياسي لمجموعة بشرية معينة، فذلك يؤكد حتماً أنه لا يمكن الخوض بنظامها السياسي أو سيادتها الوطنية خارج نطاق الوجود الحقوقي الطبيعي الحاضن لها ـ أي الأمة ـ وبالتالي حيث لا أمة لا دولة وحيث لا دولة لا نظاماً سياسياً ولا سيادة. وكل ما يقال في هذا المجال عن وطن عربي أو نهضة عربية أو نظام رسمي عربي، هو من وحي الخيال ولا يمت إلى الحقيقة بأية صلة.

هذا من دون أن يغيب عن بالنا أن واقع العالم العربي هو واقع أمم ومجتمعات متقاربة يسهل التعاون أو تشكيل جبهة تعاونية فيما بينها على أساس اتحاد يشبه الاتحاد الأوروبي، يكون قوة فاعلة في تنظيم وتطوير المصالح العربية المشتركة، مع الإشارة إلى أن الوحدة غير الاتحاد وأن لكلٍ منهما خصائصَ مميزة وأصولاً مختلفة وإن كان الكثير من الباحثين يخلطون بينهما.

ولسنا هنا في معرض المقارنة بين الوحدة والاتحاد من حيث الشكل والمضمون. إلا أنه لا بد من تعريفهما في هذا السياق حتى لا نذهب بعيداً في استخدام الكلمتين وكأنهما يعبران عن شيء واحد. هذا من جهة، ومن جهة أخرى لكي نكون منسجمين مع أنفسنا في توصيف وتعريف كل مصطلح يستخدم في بحث علمي كالذي نحن بصدده الآن، فنقول: الوحدة هي فعل طبيعي يقوم في المجتمع الواحد أي بين أعضاء الجسم الواحد، بينما يقوم الاتحاد أو الجامعة بين عدة مجتمعات ـ أي بين عدة أجسام ـ لأنها تشترك فيما بينها بقواسم ومصالح مشتركة، وهذه هي الحال بين أمم العالم العربي. وحتى في هذه الحال، لا يمكن للاتحاد أن يقوم إلا بتوافر شروط قانونية ثلاثة كأي عقد قانوني آخر. وهذه الشروط هي: توافق فريقين أو أكثر للدخول في التعاقد، الإرادة الحرة للمتعاقدين ومشروعية الموضوع المتعاقد عليه.

ونخلص إلى القول بأن الوعي القومي، الذي ذكره الدكتور مقصود في مداخلته وشدد على تحقيقه من أجل "استعادة المرجعية الموثوقة"، يصلح لإثبات الحق القومي وتحديد الإطار الطبيعي والحيوي للأمة وليس لقيام نظام سياسي رسمي، أياً كان شكل هذا النظام. وفي واقع العالم العربي، سيكشف الوعي النقاب عن وجود عدة أنظمة عربية لا عن نظام رسمي واحد..

ثالثاً: جامعة الدول العربية أداة غير جامعة..

يقول د. مقصود: " إن من شأن تعريف عروبة الهوية أن يساهم في اتباع نهج السياسات الوقائية لاجتناب النزاعات العرقية والطائفية والقبلية". وفي سياق الرؤية الاصلاحية التي يطرحها يضيف: "استطراداً، يجب أن يوفر النظام الرسمي العربي آلية للدبلوماسية الوقائية، وجهازاً للإنذار المبكر حتى لا تتحول الخلافات إلى نزاعات، ومن ثم إلى حروب أهلية.." وفي مكان آخر يقول: "ولا بد من التغيير في هيكلية مؤسسات الجامعة العربية بحيث تتحول من مجرد جامعة حكومات إلى جامعة دول، بمعنى أن الدولة هي حكومات ومجتمعات مدنية".

وللرد على هذا الطرح نقول:

1 ـ إذا ما اعتمدنا على التحليل المنطقي، نجد أن أولويات التطبيق العملي تختلف عن أولويات الطرح النظري. فلكي يأتي عمل الجامعة العربية بما يشتهي د. مقصود، يجب تنفيذ الأعمال التالية بحسب الترتيب الآتي:
أ ـ مراجعة دقيقة لمفهوم "الأمة" و "القومية" و "النهضة" وغيرها من المفاهيم وتعريف المصطلحات المستخدمة كي لا يحصل تباين في الفهم. أما من هو المؤهل لهذه المراجعة؟ فلا الدكتور مقصود يعرف ولا نحن نعرف..

ب ـ تلقين المفاهيم التي تخرج بالمراجعة الدقيقة إلى جميع المجتمعات العربية، على اختلاف مفاهيمها وانتماءاتها الحالية واختلاف مستوياتها الفكرية، وقد تتعارض معظمها مع مفهوم الدكتور مقصود.. وهنا أيضاً نطرح السؤال التالي: من سيكون ذلك الملقن الصالح لهذه المهمة؟ فلا الدكتور مقصود يعرف ولا نحن نعرف..

ج ـ وهنا سنسمح بالافتراض بأن ما ذُكر في البندين الأول والثاني قد تحقق فعلاً (أي أنه تم الوعي القومي لدى الشعوب العربية). فالمرحلة التالية يجب أن تكون ـ بحسب خطة د. مقصود ـ تحويل الجامعة العربية من جامعة للحكومات إلى جامعة للدول (أي حكومات ومجتمعات مدنية). وهنا أيضاً يطالعنا سؤال كبير: كيف ستسمح حكومات أو أنظمة، مضى على استئثارها بالحكم وتربعها على عروش السلطة والمال عقوداً من الزمن، أن تتنازل لشعوبها بأن تشاركها امتيازاتها؟ هذا وإن حصل، فلا يتحقق إلا بفعل ثورة مسلحة ـ قد يلزمها عشرات البنود أو أكثر لشرح مراحلها ـ فهل فيما طرحه الدكتور مقصود يعني قيام ثورة الشعوب المسلحة على الحكام.. فلا الدكتور مقصود يعرف ولا نحن نعرف..

2 ـ عندما قامت فكرة العمل التعاوني بين الدول العربية بعد الحرب العالمية الثانية، أسفرت المشاورات عن تبلور اتجاهين رئيسيين بخصوصه: الاتجاه الأول يدعو إلى ما

وصف بالوحدة الاقليمية ومثالها سوريا الطبيعية أو الهلال الخصيب. والاتجاه الثاني يدعو إلى نوع من اتحاد أشمل ويتضمن رأيين فرعيين أحدهما يدعو إلى وحدة فيدرالية أو كونفدرالية بين الدول المعنية والآخر يطالب بصيغة وسط تحقق التعاون والتنسيق في سائر المجالات وتحافظ في الوقت نفسه على استقلال الدول وسيادتها.

وعندما اجتمعت لجنة تحضيرية من ممثلين عن كل من سوريا ولبنان والأردن والعراق ومصر في أواخر العام 1944، رجحت اللجنة الاتجاه الداعي إلى وحدة الدول العربية المستقلة بما لا يمس استقلالها وسيادتها. كما استقرت على تسمية الرابطة المجسدة لهذه الوحدة بـ "جامعة الدول العربية". وعلى ضوء ذلك تم التوصل إلى بروتوكول الاسكندرية الذي اعتبر أول وثيقة تصدر عن الجامعة. وقد اعترف البروتوكول بسيادة واستقلال الدول المنضمة إلى الجامعة بحدودها القائمة فعلاً. كما اشتمل على قرار خاص بضرورة احترام استقلال لبنان وسيادته، وعلى قرار آخر باعتبار فلسطين ركناً هاماً من أركان البلاد العربية.. (وكأن في البندين الأخيرين خطاً أحمرَ وتحذيراً واضحاً بعدم التدخل أو المساس باستقلال لبنان و"الركن" الفلسطيني). وهذا بالطبع، ما أملاه الانتداب البريطاني على المجتمعين.

من الملاحظ أنه تزامن قيام الجامعة العربية مع "منح" الاستقلال للدول العربية الواحدة بعد الأخرى، مع العلم أن المستعمر لم يكن ليسمح بالاستقلال الوطني إلا بشروطه. وقد كانت، ولا تزال، أهم هذه الشروط رضوخ المتعاملين معه لإرادته الاستعمارية. ونذكر في هذا السياق ما جاء على لسان المؤرخ يوسف يزبك عندما تحولت دولة لبنان إلى جمهورية إذ قال: "هذه الجمهورية هي ذات الجمهورية التي جعلها "الميثاق الوطني" دولة الاستقلال، ولم تكن في الواقع إلا امتداداً للحكم الاقطاعي فالحكم الاستعماري". وهكذا كان بالنسبة للجامعة العربية، فقد جعل منها الميثاق جامعة للأنظمة وليست جامعة للشعوب، برعاية الانتداب البريطاني في ذلك الحين وتكريس هيئة الأمم المتحدة فيما بعد.

من هنا، يتضح أن كل تغيير سيطرأ على واقع العالم العربي بحالته الراهنة، في قيام وحدة أو اتحاد، في توقيع اتفاقية أو معاهدة أو بروتوكول، ثنائياً كان أم جماعياً، سيخضع، بدون شك، إلى الرقيب الوصي. بالأمس كان البريطاني واليوم الأميركي. ومن يكون في الغد..؟ فلا الدكتور مقصود يعرف ولا نحن نعرف..

وباختصار نقول، والحالة على ما هي في العالم العربي من وهن وتراجع وتناقض، ليس هناك ما يشير إلى إمكانية الاعتماد على جامعة الدول العربية لإجراء أي تغيير يذكر، خاصة إذا كان هذا التغيير يتناول الجامعة في

دورها: من جامعة حاضنة للأنظمة المتسلطة على شعوبها إلى جامعة حاضنة للشعوب الناقمة على أنظمتها..

رابعاً: **الخطوة الأولى على طريق الخلاص.**
ففي استعراض لما جاء في المداخلة حول النظام الرسمي العربي، يتراءى لنا د. مقصود في نظرته للواقع العربي، إلى جانب معرفته وخبرته الطويلة في العمل السياسي والدبلوماسي والقانوني، ذلك الأب العطوف الخائف على ولده من الضياع في خيارات الدنيا ومغرياتها. فتراه مراقباً ومترقباً ومحاسباً، وكأنه يلحق "بولده" من مكان إلى آخر خوفاً عليه من الانزلاق في مستنقعات المجهول حيث لا عودة تنتظر ولا أملاً يرتجى.
لقد آمن بالوحدة العربية على قاعدة القومية كمدخل إلى خلاص "شعوب" العالم العربي التي شردها التمزق والجهل. والوحدة يلزمها الشعور بالوحدة أو ما يسمى بالوعي القومي. ويتبع ذلك قيام النهضة القومية التي، إذا ما انتصرت، تؤدي إلى الوحدة. وقد استعرضنا في هذه المداخلة القصيرة العيوب الكثيرة التي تعتري العمل النهضوي في عالمنا العربي، وأهمها البلبلة الفكرية السائدة ووجود الحواجز الكثيرة التي وضعتها الدول المستعمرة وأسست لها الروادع القانونية سواء في ميثاق الجامعة العربية أو في ميثاق الأمم المتحدة، حتى أصبح

كل عمل اجتماعي أو نهضوي يهدف إلى الوحدة وإعادة اللحمة بين أبناء الشعب الواحد، هو بنظر الشرعة الدولية من "أعمال الشيطان" أو "الإرهاب".

نضم صوتنا إلى صوت الدكتور كلوفيس مقصود في دعوته للعودة إلى الينابيع والمراجع والثوابت لاستنباط ما يخدم القضية ويوضح الرؤية ويعيد الأمور إلى قواعدها ونصابها، وإننا على يقين بأن ذلك سيوصلنا إلى غير المكان الذي يريده د. مقصود. فإننا وإن كنا لا نوافقه الرأي فيما طرح من نظريات ومقترحات للخروج من الأزمة المستعصية للأسباب التي سبقت، إلا أننا نقدر فيه الرؤية الاصلاحية المثالية التي تطرق لها، لنؤكد مجدداً بأنه طرح بغير محله لكون "النظام الرسمي العربي" اسماً لغير المسمى" والرؤية الاصلاحية المثالية يلزمها الأرض الصالحة للتطبيق..

مع أصدق التحية والاحترام..

➤

ذوقان عبد الصّمد:
شاعرٌ معاصرٌ لغير عصره..

كتبت هذه المقالة / الهدية بتاريخ 22 كانون الثاني 2010 تقديماً لديوان الشاعر ذوقان عبد الصمد بعنوان "ذاكرة الغياب"، الذي صدر عن دار الفارابي -

من حق الشاعر أن يرقى بخياله إلى موطن الوحي كما لكلماته أن تسموَ إلى عالمٍ يطفو عليه الجمالُ.. فعندما تضجُّ نفسُ الشاعر بإدراكٍ مميزٍ وإحساسٍ متفوقٍ، يبدو هذا العالم الذي اتسعَ مداه إلى ما يتعدى الحواسَ القاصرة، وكأنه يضيقُ برفِّ جناحيه اللذين يحلقان إلى الأبعادِ الأبعاد.. وصديقنا الشاعرُ ذوقان عبد الصمد، الذي كانتْ له تسجيلاتٌ جماليةٌ متعددة، يذهبُ باتجاه هذه الأبعادِ التي لم تُرسَمْ معالمُها بعد وكأنها تبصرُ النورَ مع تأملاته الفلسفيةِ ونفحاتِه الوجدانيةِ، ومن قبل أن تولدَ.. تتنشقُ الحياة.

وأهمية الشاعرِ في ذوقان عبد الصمد، ليست فيما يقدم من إبداع تصويري في أبياته الراقية ومعانيه السامية وحسب، وإنما في بناءِ الهيكل الأصيل لتلك المعاني، هذا الهيكل الصلب الكفيل بحراستها حفاظاً عليها من الضياع أو السقوط. فهو لم يغرّه التفلتُ من قيود الوزن أو القافية

الذي أطلقته "الحداثة العابرة" ليخرجَ إلى فضاءٍ رحبٍ يسهلُ فيه اختيارُ الأوزان والكلمات، بل ظلّ على التزامِه بعروض الشعر وقواعدِه الإبداعية التي لا يجيدُ استخدامَها إلا العاشقُ للأصالة..

إن الحداثةَ في الشعر العربي تشبهُ إلى حدٍ كبير "الواقعية العربية" في عجزها واستسلامها للأمر الواقع. وكذلك تبريرُ اللحاق بركب الحداثة، فهو يشبه تبريرَ الالتصاق بالواقعية، الذي يصوّرُ العجزَ الحاصلَ وكأنه مظهرٌ من مظاهر الارتقاء الفكري أو التطورِ الحضاري أو الثورةِ على التقاليد، بينما ينتقد التمسكَ بالكلاسيكية والدفاع عن القواعد الأساسيةِ الثابتة، لاعتباره من مظاهر التخلفِ وعدم القدرة على مجاراة "العصر المتطور"..

القوالب الشعرية ليست، في أي حال، بأكثرَ أهميةٍ من المضمون أو الفحوى الهادفِ الذي يعالج القضايا المبتكرة، حتى أن النثرَ أحياناً، في تعدّيه للرؤية الوجودية المألوفة، قد يتضمنُ من الخيال والموسيقى والصورَ ما لا يستطيعُه الشعرُ أحياناً، غير أنه يبقى في حدودِ الإبداع النثري الذي لا يقلُّ أهمية عن الإبداع الشعري.. وما يهمنا في هذه الإشارة ليس غيابُ الوزن والقافية عما يسمى بـ "الشعر الحديث" وإنما ما يعتري هذا "الشعر" من إبهامٍ وغموضٍ ويتركُ البابَ مفتوحاً لكل قارئ لفهمه كما يشاء.. وهذا هو الشركُ الأكبرُ! ذلك أننا بحاجة لفهمِ ما نقرأ وليس لقراءةِ ما نفهمُ في هذا العصر الذي اختلطت

فيه المفاهيمُ والنظريات وكثرت بوجهنا العراقيل والتحديات.. وباختصار نسأل: ما قيمة الكتابة، شعراً كانت أم نثراً، إن لم تحملْ رسالة واضحة يفهمُها الجميعُ على حدٍ سواء؟ الغريب في الأمر أن يكون الإبهام من ميزات الحداثة بحسب ما يدّعيه المروجون لهذا النوع من الشعر ومثال تعيينه على أنه: "الغموض الواضح والمبهمُ المفضوح" أو أنه "تخطٍ للمؤثرات والانفعالات إلى البحث عن رؤية جديدة وفتح جديد.." أو أن له: "فلسفة قائمة على الانفلات من الشكل والقوالب البالية والتحرر من القيود والإيقاعات الكلاسيكية الضيقة"..

لقد آثر شاعرنا ذوقان البقاء في أحضان "التقليد والتخلف" على الانزلاق في متاهات الحداثة التي لم تعرفْ لذاتِها حدوداً بعد، تماماً كما فعل المقاومون الأحرار الملتزمون، الرافضون للغرق في مستنقعات "الواقعية العربية" التي لا تعني سوى الخضوع والاستسلام للأمر الواقع الذي فرض عليهم.. وكأني به ينادي من وراء البحار على كل المحافظين الأحرار، رفاق شعره ونهجه، ليؤكدَ التزامَه وثباتَه في موقع الأصالة، مقاوماً رياحَ الاستسلام وأمواجَ الانحرافِ، مستخدماً الحداثة والتجددَ في معانيه ومبانيه الصلبةِ الواضحة.

على السَّفينِ نَسيمُ الصُّبحِ يلفحُنا
في همسِه من ثغورِ القُطبِ ألحانُ..

مُبلَّلاً.. لا نُبالي إنْ بنا ارتَعَشَتْ
وَبُلِّلَتْ منْ رذاذِ البَحرِ أرْدان!!

منْ حولِنا دَغدَغاتُ الغَيمِ بارِدةٌ
وَمشلحُ النُّورِ فوق الماءِ بردانُ..!

والغابُ فوق جِباهِ السَّفحِ مدٌّ رُؤىً
تَفَرَّدَتْ منهُ أشكالٌ، وألوانُ..

يمشي، ونحنُ على شوقٍ نُلاحِقُهُ
كما يُلاحقُ سِربَ الغيدِ وَلهانُ!!

ومن قصيدة بعنوان "صدفةٌ" يقول:

هيفاء يَندى قدُّها عَبقاً
ليرقّ تحت أناملي الهَيَفُ
كوزٌ على شفتي، وكأسُ طلىً
بيدي... فإيّ الخمرِ أرتشفُ؟

وتعبتُ من شَغفي، وقلتُ كفى
فارتدَّ مدفوعاً بيَ الشّغفُ!!

لتقولَ: أقطفْ من حديقتِنا
ما طابَ من ثمرٍ، فأقتطِفُ!!

إياك من دُرّ يخبئُهُ
في شائِكٍ من واحتي الصّدَفُ

أعطيتُك الأشهى، وطبتُ هوىً
لا عيبَ إن لم يُخدشِ الشرفُ..

فهو في وصفِه كما في غزليّاتِه، لا يخرجُ عن دائرةِ الكلمةِ الراقيةِ التي تُطرِبُ الآذان دون أن تخدشَها وتحرّكُ المشاعرَ دون أن تجرحَها، بل يشبعُ معانيه قوة واستنهاضاً فتدخلُ فينا كفعلِ الآية التي تحفرُ في نفوس المؤمنين..

ذوقان عبد الصمد، يعيشُ بإنسانِه وأنفاسِه بيننا، يقرأ كتبَنا ويتكلمُ لغتنا ويجالسُ جمعَنا ولكنه.. لا بريقَ "حداثتِنا" يوهِجُه، ولا شكلَ "ارتقائِنا" يحرّضُه، ولا الثورةَ على تقاليدنا تؤرقه.. هو طائرٌ يغرّدُ في غيرِ سربِه وشاعرٌ معاصرٌ لغيرِ عصرِه..

➢

سعيد تقي الدين..
من الفليبين إلى كولومبيا مروراً بلبنان..

كتبت هذه المداخلة بمناسبة الذكرى الخمسين لوفاة الأديب اللبناني المبدع والكاتب الساخر سعيد تقي الدين، الذي رحل إثر نوبة قلبية في مستهل اغترابه الثاني في جزيرة سان أندروز ـ كولومبيا، في 9 شباط عام 1960.

9 شباط 2010

نصف قرن مضى على رحيله من دون أن يقال فيه كلمة، ولو بذكر عابر، وهو الذي ملأ الدنيا في الخمسينات من القرن الماضي، ببديهته المدهشة وأدبه الساخر ومسرحه

الرافض، وقد خاض معارك سياسية طويلة في مواجهة الفساد المستشري الذي كان يغطيه الإقطاعان السياسي والطائفي، هذا الثنائي الذي كان ولا يزال يتحكم برقاب العباد بمظلة الغرب المتسلط على القرار الوطني.

سعيد تقي الدين.. هو ليس للكلام عنه عرضاً..! بل للتوقف عنده تأملاً ودراسة واستنتاجاً، لأنه المدرسة التي أراد أعداء الفكر والنهضة طمس معالمها تأثراً بغيهم وارتباطهم بمكنونات الجهل والتخلف من ناحية، وخوفاً من عاقبة فعلهم أو عقاب الوصي العابث بأدبنا وتراثنا الوطني من ناحية ثانية.

ولماذا تسدل ستار الحقد على أدب سعيد تقي الدين من مراجع رسمية وأهلية وهو الذي اعتبر، بنظر كل من عرفه وقرأه، ثورة فكرية وفتحاً جديداً في مواجهة الواقع المتردي الذي كان يعيشه لبنان والمنطقة ولا يزال.. قبل الإجابة على السؤال وعرض الأسباب التي حالت دون "تسويق" وتكريم هذا الأديب العملاق، لا بد من إلقاء نظرة سريعة على سيرته، القصيرة نسبياً، وما رافقها من مواقف ومحاولات إصلاحية شجاعة انعكست في مؤلفاته نقداً موضوعياً لاذعاً في اتجاهات أدبية وسياسية متعددة.

أولاً: السيرة

ولد سعيد تقي الدين في بلدة بعقلين ـ لبنان عام 1904. درس في المدرسة الأنطونية خلال الحرب العالمية الأولى

ثم انتقل إلى الـ "انترناسيونال كوليدج" في العاصمة بيروت عام 1918 حيث تابع دراسته الثانوية ليلتحق فيما بعد بالجامعة الأميركية إلى حين تخرجه عام 1925. وفي كانون الأول من العام ذاته هاجر إلى الفليبين حيث عمل في حقل التجارة من دون أن يتوقف عن الانتاج الأدبي والمسرحي. وفي العام 1948 عاد إلى لبنان لينهي اغترابه الأول الذي دام ثلاثة وعشرين عاماً.

استقر سعيد في لبنان بين عامي 1948 و1958، لينصرف كلياً إلى الكتابة والعمل السياسي حتى تاريخ مغادرته الوطن في 9 أيلول 1958 إلى المكسيك ومنها إلى جزيرة سان أندروز في كولومبيا، ليبدأ اغترابه الثاني بعد أن أنهى تأليف كتابه الأخير بعنوان "أنا والتنين" الذي صدر بعد وفاته. ولم يطل هذا الاغتراب عليه كسابقه بل تمكن منه "التنين" الذي كان يصارعه سعيد طيلة حياته، ورحل في التاسع من شباط 1960 وهو لم يكن قد بلغ السادسة والخمسين من العمر، تاركاً وراءه إرثاً أدبياً رائعاً في مضمونه الغني وأسلوبه الإبداعي.

ثانياً: النتاج الفكري والأدبي
توزع نتاج سعيد تقي الدين الفكري والأدبي بين المسرح والقصة القصيرة والمقالات السياسية والأدبية والصحافية. وقد كان بارعاً مبدعاً في سائر هذه الفنون.

1 ـ المسرح السياسي

في بحث للكاتب الصديق جان دايه، (وهو أفضل من قدم سعيد تقي الدين إلى جمهور القراء من خلال أبحاثه ودراساته الميدانية) يقول: "في ختام العام 1923 الدراسي، رفض سعيد تقي الدين ـ وكان في الثامنة عشرة من عمره، الاشتراك في تمثيل مسرحية "الفارس الأسود" المترجمة، على خشبة مسرح الوست هول التابع للجامعة الأميركية في بيروت، ولسان حاله يقول: "نحن نخلق مسرحنا حين نخلق مسرحياتنا".

وقد عمل سعيد بالفعل بتصميم واثق ليخلق المسرحية الوطنية، خلال صيف 1923 الذي أمضاه في مدينة بعلبك حيث كان والده الشيخ محمود تقي الدين قائمقاماً، فألف باكورة مسرحياته بعنوان "لولا المحامي" التي طبعتها جمعية العروة الوثقى وقدم لها الشاعر الكبير خليل مطران. والجدير بالذكر أن سعيداً كان قد انتسب إلى الجمعية (داخل الجامعة الأميركية) عام 1921 وتولى عدة مسؤوليات فيها إلى أن أصبح رئيسا لها ورئيساً لتحرير مجلتها "العروة الوثقى" عام 1923.

وكانت المسرحية الثانية عام 1925 بعنوان "قضي الأمر". أما المسرحية الثالثة "نخب العدو"، فقد كتبها في مانيلا عام 1937 وطبعت في بيروت عام 1946 مع مجموعة قصص قصيرة بعنوان "الثلج الأسود". وفي العام 1944 نشر المسرحية الرابعة بعنوان "الدروب

الموحشة" وعام 1948 المسرحية الخامسة بعنوان "حفنة ريح". وأصدر في العام 1952 مسرحية "المنبوذ" التي نالت جائزة "جمعية أهل القلم".

كانت نشأة المسرح السياسي في لبنان مع عرض مسرحية "البخيل" التي ترجمها واقتبسها مارون النقاش عام 1847 (يذكر أنه قدمها في حديقة منزله). وقد برز فيما بعد عدد من المسرحيين الذين شغفوا بهذا الفن لكنهم لم يستطيعوا احترافه لأنه كان مكلفاً في ذلك الوقت، ومنهم على سبيل المثال: سليم النقاش، أديب اسحاق، يوسف خياط، سليمان القرداحي وغيرهم. وبقي الفن المسرحي مغيباً عن دائرة الفنون حتى مطلع القرن العشرين حيث ارتبطت نشأته بتطور الحركة المسرحية في الغرب خاصة في ألمانيا بعد الحرب العالمية الأولى. فقد اتجه العديد من المسرحيين إلى استخدام وسائل فنية مستحدثة للتعبير عن الموجات الفكرية والسياسية في ذلك الوقت وفي مقدمة هؤلاء إيروين بيسكاتور الذي أصدر كتاباً عام 1929 حمل اسم "المسرح السياسي".

أما في لبنان، فقد كانت هناك بعض المحاولات الخجولة إلا أنها لم تظهر إلى العلن باستثناء مسرحية "لولا المحامي" عام 1923 لمؤلفها سعيد تقي الدين، والتي كانت فاتحة لنشأة المسرح السياسي الوطني وقد استتبعها عدد من المسرحيات، كما مر معنا آنفاً. لذلك يمكن القول وبكل تأكيد أن المسرح السياسي اللبناني بدأ مع سعيد تقي

الدين، ومن المستغرب أن يهمل المؤرخون والمسؤولون في لبنان ذكره، وإن لهذا الأمر أسباباً سنبينها لاحقاً.

2 ـ المقالات الصحافية والقصص القصيرة

خلال العام 1921، نشر سعيد تقي الدين العشرات من المقالات والقصص القصيرة في بعض الدوريات البيروتية والعربية ومنها "المعرض" لميشال زكور و"المرأة الجديدة" لجوليا طعمة و"البرق" للأخطل الصغير. وفي عام 1946 أصدر مجموعة قصص قصيرة بعنوان "الثلج الأسود" ومجموعة أخرى عام 1948 بعنوان "موجة نار".

انتخب سعيد تقي الدين عام 1948 رئيسا لجمعية خريجي الجامعة الأمريكية، ثم أعيد انتخابه لدورة ثانية. خلال رئاسته تم بناء نادي الخريجين وأصبحت مجلة الجمعية "الكلية" التي رئس تحريرها وكتب افتتاحياتها بمصاف الدوريات الإنكليزية المرموقة.

بين 1947 و1950، نشر العديد من المقالات في بعض الدوريات البيروتية وفي طليعتها جريدة "بيروت" لصاحبها محيي الدين النصولي و"بيروت المساء" لعبد الله المشنوق و"الصياد" لسعيد فريحة و"الحياة" لكامل مروة . أصدر في العام 1951 كتاب "غابة الكافور" وفي العام 1954 كتاب "ربيع الخريف". ويضم الكتابان مجموعات من القصص القصيرة.

3 ـ المقالات الأدبية والسياسية

انتمى سعيد تقي الدين إلى الحزب السوري القومي الاجتماعي في تشرين الأول عام 1951 وأصبح بعد أقل من عامين منفذا عاما لمنفذية بيروت. وفي العام 1952 قدم مسرحية "المنبوذ" التي نالت جائزة "جمعية أهل القلم" كما ذكرنا آنفاً، وهي من وحي العقيدة القومية الاجتماعية.

انتمى إلى جمعية "أهل القلم" الأدبية في العام 1954 وأسس "لجنة كل مواطن خفير" وتولى رئاستها.

في العام 1955 أصبح عميدا للإذاعة في الحزب القومي وتولى الدفاع الإعلامي عن الحزب إثر مصرع الضابط عدنان المالكي في دمشق وحكم عليه بالإعدام غيابيا.

أصدر في العام نفسه (1955) كتاب "سيداتي سادتي" وهو مجموعة خطب، وكتاب "تبلغوا وبلغوا" الذي تضمن مقالات عقائدية وسياسية قومية اجتماعية.

أصبح عميدا للخارجية في الحزب القومي عام 1956. وفي العام 1957 أصدر مجموعة مقالات أدبية واجتماعية بعنوان "غبار البحيرة" وأخرى بعنوان "رياح في شراعي". كما أصدر في العام نفسه ثلاثة كراريس بالإنكليزية بعنوان Arab World "العالم العربي" وضمّنها نقدا لاذعا للإنكليز والأميركيين واليهود والنظام اللبناني وبعض رموزه. وقد صدر كتابه الأخير عام 1960 كما مر معنا، بعد وفاته، وهو يتضمن بعض

الجوانب من تجارب واقعية وأحداثٍ رافقها قبيل رحيله إلى كولومبيا.

***

في مراجعة لسيرة أديبنا الكبير، في الوطن والاغتراب، يتبين لنا أن المرحلة الذهبية في حياته الفكرية والأدبية والسياسية كانت بين العامين 1948 و1958. عشر سنوات تزدحم بالإنتاج الأدبي والمسرحي والتوجيهي. لقد هاله، بعد عودته من الفليبين، ما يدور على أرض الوطن من فساد وجهل وعمالة لمصلحة العدو الاسرائيلي. هذا العدو "المقنّع" الذي عرف كيف يخترق مجتمعاتنا العربية ويستمر في استغلالها لتثبيت قدميه على الأرض التي اغتصبها في فلسطين ومنها لتنفيذ الخطة التوسعية في المنطقة على حساب أرضنا وإنساننا. لقد أدرك سعيد منذ اللحظة التي وطأت قدماه أرض الوطن أنه سيكون في مواجهة شرسة مع أعداء الأمة وعملائها في الداخل.

وكانت الأداة التي استخدمها سعيد للمواجهة سلاحاً حضارياً وإن كانت ممارسات الأعداء همجية. فقد استغل وجوده في مختلف المؤسسات التي يرأسها ليجعل منها منبراً إعلامياً فاعلاً: فمن جمعية خريجي الجامعة الأميركية إلى جمعية أهل القلم الأدبية، إلى لجنة "كل مواطن خفير" التي أسسها وتولى رئاستها عام 1954.

كذلك فعل من مواقعه المتعددة في الحزب السوري القومي الاجتماعي كمنفذ لمنفذية بيروت وعميد للإذاعة ثم عميد للخارجية. أضف إلى ذلك مقالاته السياسية التي كانت تنشر في الدوريات البيروتية مثل مجلة "الكلية" وجريدة "بيروت" و"بيروت المساء" و"الصياد" و"الحياة" وغيرها.

عشر سنوات قضاها سعيد في لبنان قبل أن يغادر في رحلة اغترابه الثاني القصيرة. عشر سنوات تضج بالأحداث المثيرة وتختصر سيرة الرجل الكبير الذي لم يطأطىء رأسه إلا لقدره في كولومبيا. حكم عليه في دمشق بالإعدام همرتين. وقد لاحقه المكتب الثاني السوري في لبنان طوال سنوات (1955 - 1958) كما لاحق رفيق عمره غسان جديد. نجح العملاء في اغتيال غسان جديد ولكنهم لم يتمكنوا من سعيد الذي كان يتنقل متخفياً من مكان إلى آخر، ليفوت الفرصة على مضطهديه ومطارديه. وما لبث أن قرر الرحيل إلى كولومبيا وغادر لبنان في 9 أيلول عام 1958.

من هنا، نتبين كيف كانت إقامته القصيرة في لبنان، هي الألمع والأكثف في أحداثها لما تضمنته من إبداع فكري وأدبي ومواقف إنسانية نادرة وكفاح وطني لا يهدأ. ولهذا اخترت عنوان هذا البحث للإضاءة على هذه الفترة المشرقة حيث قلت: **سعيد تقي الدين.. من الفلبين إلى كولومبيا مروراً في لبنان..**

ثالثاً: الخصائص المميزة في أدب سعيد تقي الدين

إن الميزة الأساسية في أدب سعيد تقي الدين، هي تلك البديهة الحاضرة والسخرية الدائمة اللتان تغطيان الحيّز الأوسع من نتاجه الأدبي المنوّع. ولم تأتِ السخرية في كتاباته للترفيه عن القارئ، وإنما استهدافاً لبلورة فكره أو فكرته سلباً أو إيجاباً، بقالب مشوق من المبالغة والعمق مصحوب بكثير من خفة الدم والحكمة بحيث يثير الإحساس من أعماقه ويبعث على الشفاه ابتسامة الاعجاب والرضى.

ومثال ذلك ما أورده سعيد في العام 1955 إذ قال: "إن تركيا واسرائيل تكمّل احداهما الأخرى اقتصاديا وكانتا حليفتين أو ما يقارب ذلك سواء في التصويت في مجالس الأمم المتحدة أو في تغيير شارات "صنع في اسرائيل" وتحويلها إلى "صنع في تركيا" من أجل تسهيل تهريب المنتجات الإسرائيلية إلى أسواقنا.

وتركيا، وهي قوة استعمارية سابقة، كانت قد ضمت إليها سنة 1936 أقساماً من شمال سوريا. ومبعوثوها مشغولون الآن في حلب وأماكن أخرى بالتبويق: "سوف نعود". (كم ينطبق هذا على الواقع الحاضر).

وتجد الأسلوب ذاته فيما نشره سعيد عن لجنة "كل مواطن خفير" ومنها: "منذ اسبوعين جاءني صاحب معمل. فقال لي وصوته يرتجف إن في بيروت معملاً يملكه يهود من

"إسرائيل" وإنه يقدر أن يثبت ذلك. فقلت تفضل واكتب لي تقريراً فاصفر وجهه واعتذر. قلت، اطلب من محاميك إذن أن يكتب التقرير وعد إليّ في الأسبوع المقبل. فانصرف واعداً بذلك وهو يتطلع إلى الوراء إن كانت هنالك أشباح تطارده.

مما الخوف؟ هذه بلادنا ـ بلادنا المستقلة السيدة. هذه بلادنا وحفنة من خونة وعمال لليهود نقدر أن نطيرهم بعطسة، ولكن.. يجب أن نتعلم كيف نعطس.."

ومثل هذا الأسلوب زخر به أدب سعيد تقي الدين حتى في "رفات جناحه" القصيرة، حيث يقول في إحداها: "رجل أبيض دخل ألاسكا ظنه الأسكيمو أنه من الآلهة. وبعد أسابيع طلب امرأة يضاجعها فتحقق الأسكيمو أن الرجل الأبيض ليس من الآلهة، بل أخو شليته.. إنسان."

وفيما يلي بعض الأمثلة على ما ورد في خواطره القصيرة التي جاءت تحت عنوان "رفة جناح":

ـ أفصح ما تكون به القحباء، حين تحاضر في العفاف.

ـ لو أردت اغتيال عدو لا تطلق عليه رصاصة، بل إشاعة.

ـ فرح الحمار حين ربطوه في اصطبل الحصان، فأكل في معلف الجواد ولبس سرجه ثم شاء أن يظهر فرحه فنهق ولم يصهل.

إن أهم ما يثير فيك الدهشة وأنت تقرأ سعيد تقي الدين، ذلك التناسق العجيب الذي يربط به فصول قصته أو

أحداثها وأبطالها أو فقرات مقالته التي تضج بالحياة والحيوية. وكأن بهذا الربط المتقن ما يشد القارئ إلى الالتصاق بعالم الكاتب، فيشعر بنفسه قريباً منه وشاهداً حياً على ما يرى ويسمع ويتحسس.

لم يمسك سعيد تقي الدين في يوم من الأيام سلاحاً ليغدر به أو ليرد عنه تهجم المتبجحين المزيفين بقناع الوطنية. لكنه أمسك بقلمه الذي هو أمضى من السلاح ورشق بكلمات تعجز عنها الرصاصات. وكانت مقالاته التي تنشر في الدوريات البيروتية والدمشقية محط اهتمام الطاقم السياسي في لبنان وسوريا، والكل يترقب إن كانت ستنال منه شظاياها، لأن سعيد الكاتب، لا يرحم بكتاباته ولا يساوم في مواقفه وإن كان "الشيخ سعيد تقي الدين" - ابن بعقلين - هو سيد الآداب والمجاملة. من أجل هذا، أغرقته دمشق بأكثر من تهمة وحكمت عليه بالإعدام غيابياً أكثر من مرة، كما حاول أركان الحكم في لبنان إبعاده عن المواقع الإعلامية ليتخلصوا من هاجس انتقاداته وسخريته، (وخوفاً على فضائح قد تنالهم ربما..) ولكنهم لم ينجحوا.

تلقى عروضاً من مراجع مختلفة ليتسلم مقامات رفيعة في الدولة، علهم يبعدونه عن دائرة الإعلام وظناً بأنهم يرضون فيه غروراً. لكنه رفض بشكل قاطع لأنه لم يرضَ بأن يكون جزءاً من النظام الطائفي الفاسد السائد،

أو شاهد زور على ما يجري من خلاله من جور بحق المواطنين، مع العلم أن أربعة من أخوته توزعوا في "مزرعة" الدولة اللبنانية بين وزير، ونائب، وسفير ومدير. فكان خليل سفيراً، وبهيج نائباً ووزيراً لعدة دورات، ومنير مديراً عاماً ثم سفيراً، وبديع مؤسساً وعميداً لكلية الرياضيات في الجامعة اللبنانية. أما الشقيق الأصغر نديم، فكان يعمل في التجارة وعاش بعيداً عن الأجواء السياسية والإعلامية.

ذكرنا أن إقامة سعيد تقي الدين في لبنان بين الاغترابين، الفلبيني والكولومبي، كانت قصيرة نسبياً بالرغم من احتوائها على كثافة في الانتاج الأدبي والإبداع الفكري، كما كانت المدى الأوسع لكاتب كان يمكن أن يغني المكتبة العربية بكم أكبر من الذي تركه. لكن سعيداً قرر مغادرة الوطن، ليس حباً بالسياحة والسفر أو هرباً من واقع مؤلم كان يزعجه، وإنما سعياً وراء عمل يؤمن له بعض المال لإيفاء ديونه التي تراكمت عليه في المدة الأخيرة، وليس من مورد له، من جراء تخفيه الدائم عن أنظار ملاحقيه المخبرين المكلفين باغتياله. وكان أن غادر إلى كولومبيا كما أشرنا في أيلول 1958 وتوفي في التاسع من شباط 1960.

نعود إلى التساؤل الذي أوردناه في مستهل هذا البحث لنكرر القول: لماذا تسدل ستائر الحقد على أدب سعيد تقي

الدين.. وما ذنب هذا العملاق، الذي حلق في فضاء النسور، لتعبث بفكره وأدبه أقزام السراديب الجاهلة وخفافيش الليل القاصرة؟ سنأتي حتماً على الأسباب التي حالت دون تكريمه أو ذكر اسمه حتى في المجالات التي أبدع فيها. ولكن اسمحوا لي أن أشير أولاً إلى القصة التي ظهّرت أدب سعيد تقي الدين على يد الباحث والصحافي جان داية (وكان لي فيها دور بسيط) وجعلت دار النهار، حيث يعمل جان، تتحمس لتنشر آثاره الكاملة فيما بعد.

وتبدأ القصة عام 1966 حيث كنت طالباً في الجامعة اللبنانية ـ كلية الحقوق، الواقعة في محلة الصنائع في بيروت، مقابل مبنى جريدة النهار. وكانت معرفتي بالصديق جان داية آنذاك في بداياتها من خلال عملي الصحفي في مجلة "المجالس المصورة"، ووساطة صديق مشترك هو الأستاذ بهيج أبي غانم الذي كان زميلاً لجان داية في دار النهار. في تلك المرحلة من العام 1966 كنت أعمل، إلى جانب كوني طالباً في سنة أولى حقوق، كمحرر لركن الطلبة في مجلة المجالس المصورة الأسبوعية، بالإضافة إلى رئاسة تحرير "وكالة اليقظة العربية للأنباء" التي هي عبارة عن نشرة أخبار يومية.

اتصل بي بهيج ذات يوم، وكان هو الآخر طالباً في كلية العلوم السياسية، وقال لي أن جان دايه يرغب بالاجتماع بي لأمر هام وسألني إن كنت أمانع الفكرة من دون أن يذكر شيئاً عن طبيعة "الأمر الهام". فكان ردي بالموافقة

طبعاً لما أكن للصديقين من ثقة ومحبة. وانتظرت اتصال جان الذي جاءني في نفس اليوم حيث جلسنا في كافتيريا الجامعة وأطلعني على مضمون المهمة باختصار وكان أن اتفقنا على اللقاء في اليوم التالي في منزلي الواقع على مسافة قريبة من الجامعة لنبحث بالتفاصيل.

وتتلخص المهمة بأن أجري اتصالاً بالنائب والوزير آنذاك الشيخ بهيج تقي الدين، شقيق سعيد، لتحديد موعد ومرافقة جان داية إلى لقاء معه. فاعتقدت لأول وهلة بأن جان يرغب في التعرف إلى الشيخ بهيج بصفته السياسية، لإجراء مقابلة صحفية معه ونشرها في جريدة النهار، المكان الذي يعمل فيه. ولكن.. لماذا يختارني أنا بالذات لهذه المهمة، ثم أن دار "النهار" لا تحتاج إلى وساطة أحد للاتصال وتحديد المواعيد مع أي كان.. وسرعان ما اتضحت الصورة لأكتشف بأن بهيج أبي غانم كان صاحب فكرة تكليفي بالمهمة لمعرفته بالصداقة المتينة التي كانت تربط المرحوم والدي بالشيخ بهيج، وقد أشار على جان بتكليفي لترتيب موعد الزيارة والتمهيد للموضوع معه ليقينه بأن والدي هو الذي سيكون عرّاب اللقاء هذا وسيكون للزيارة وقع مختلف متى كان الساعي إليها توفيق حميدان.

وهكذا كان. لم يمض أسبوع واحد حتى كنا على موعد مع الشيخ بهيج تقي الدين، تمام الساعة السابعة صباحاً في منزله الكائن في منطقة فردان من مدينة بيروت. وما أن

دخلنا المنزل حتى سارع إلى استقبالنا مدير مكتبه السيد جورج صلبان الذي كان قد سبقنا إلى هناك ليحضر الاجتماع معنا بناء على طلب الشيخ بهيج. وكان لقاء وتعارف وأحاديث عامة.. قبل أن نتطرق إلى صلب الموضوع.

لن ندخل بتفاصيل هذا اللقاء الذي يحتاج إلى بحث طويل مستقل لما تضمن من أخبار وقصص طريفة وسنكتفي بردة الفعل التي أبداها الشيخ بهيج لدى سماعه برغبة جان دايه في تأليف لجنة تكريم للراحل الأديب سعيد تقي الدين والذي كان قد مضى على وفاته ست سنوات من دون أن يذكر في وسائل الإعلام من قريب أو بعيد، على أن يكون النائب بهيج تقي الدين عضواً ممثلاً للعائلة في اللجنة. قال الشيخ بهيج وقد هممنا بالانصراف: "اتركوا لي الموضوع ليومين أو ثلاثة وسأوافيكم بالقرار المناسب".

وقد جاءنا "القرار المناسب" بعد يومين بواسطة المرحوم والدي توفيق حميدان الذي أبلغني الخبر لدى عودته من زيارة للشيخ بهيج حيث قال بالحرف: "بلغ جان دايه تحيات الشيخ بهيج وشكره على فكرة تكريم الشيخ سعيد، غير أن الظروف الحالية التي تمر فيها البلاد هي غير مؤاتية لمثل هذا التكريم. ربما نعود إلى بحث الموضوع في وقت لاحق."

لقد صدمني قرار الشيخ بهيج بتأجيل الحدث الذي كنت أنتظره بفارغ الصبر وكان جان دايه قد أطلعني على

البرنامج الذي أعده للمناسبة. أضف إلى ذلك محبتي لسعيد تقي الدين الإنسان والأديب ولشخصيته الفريدة التي كان لي شرف التعرف إليها عن كثب خاصة في المرحلة الأخيرة قبيل سفره إلى كولومبيا. ولا أخفي سراً وأنا أكتب عنه للمرة الأولى بعد مرور خمسين عاماً، فقد كان يقضي سعيد تقي الدين معظم أوقاته في منزلنا الخاص الكائن في العاصمة بيروت، وكأنه أحد أفراد العائلة، حيث كان يجد الأمان والاطمئنان نظراً لمحبته للمرحوم والدي وثقته به، تخفياً عن عيون عملاء المكتب الثاني السوري الذين كانوا يلاحقونه ليل نهار. وفي هذه الفترة تسنى لي الاستماع إلى أخباره الطريفة والاستمتاع بأسلوبه الساخر، ومراقبة حركته الدائمة في القراءة والكتابة والتعليق على الأحداث اليومية التي كانت تنشر في الصحف وتذاع في نشرات الأخبار الإذاعية (على الراديو). وأكثر من كل هذا "التدخين" واحتساء القهوة المرة طوال النهار والليل دون توقف.

لم يعجبني موقف الشيخ بهيج في تأجيل الموضوع إلى وقت لاحق وإن كنت أوافقه الرأي باعتبار الظروف غير مؤاتية (وسنأتي على تفصيلها). غير أنني لم أفهم كيف يؤجل تكريم أديب كبير بحجم سعيد تقي الدين بسبب الظروف الراهنة غير المشجعة في الوقت الذي تستباح فيه القيم ويسمح بالافتراءات والتعديات من كل نوع، في ظل ذات الظروف والأحوال..

الأسباب التي حالت دون تكريم سعيد تقي الدين.

اجتمعت عدة أسباب لتحول دون تكريم سعيد تقي الدين وهي تشكل برأينا، الحالة العامة الاجتماعية والسياسية التي كانت قائمة في لبنان في ذلك الوقت (1966).

أولاً: اضطهاد المكتب الثاني اللبناني للحزب السوري القومي الاجتماعي بعد محاولة الانقلاب عام 1961.
قامت الفكرة التي أطلقها جان دايه لتكريم الأديب سعيد تقي الدين خلال العام 1966 أي بعد مرور خمس سنوات على محاولة الانقلاب التي قام بها الحزب القومي الاجتماعي الذي كان ينتمي إليه سعيد. وفي ذلك الوقت كانت كبار شخصيات الحزب الفكرية والسياسية في السجون اللبنانية وكادرات الحزب شبه غائبة عن المسرح السياسي بعد عمليات القمع والاضطهاد التي قام بها المكتب الثاني وقد أوقف معظم القوميين، والقياديين منهم خاصة، ممن ثبت أو لم يثبت تورطهم في محاولة الانقلاب. وقد بدت المداهمات والملاحقات التي قامت بها القوات الأمنية في ذلك الوقت، وكأنها عملية انتقام من القوميين، أصحاب النظام العلماني الذي يتعارض مع النظام الطائفي المعمول به في لبنان. وقد وافق على هذه التدابير التعسفية جميع الأفرقاء السياسيين في لبنان (المكلفين بموجب النظام الطائفي) لكونهم معنيين بالإقصاء وإنهاء دورهم إذا ما نجحت محاولة القوميين.

ويطرح السؤال هنا: كيف يسمح بتكريم عضو بارز في حزب يحاول الوصول إلى السلطة والإطاحة بالنظام الطائفي وأمراء الطوائف هم الممسكون بالسلطة والنظام..

ثانياً: كمال جنبلاط رئيس جبهة النضال الوطني.

في الوقت الذي طرح جان دايه فكرة تكريم سعيد تقي الدين عام 1966، كان كمال بك جنبلاط نائباً عن منطقة الشوف وشخصية بارزة على صعيد الحكومة نظراً للرابط القوي الذي كان يجمعه برئيس الجمهورية آنذاك اللواء فؤاد شهاب. وكان الرئيس يعول على تأييد جنبلاط للحكومة خاصة بعد محاولة انقلاب القوميين الذي تعرض لها عام 1961. وكان أن التقت مصلحة كل من الرجلين ضد الحزب القومي: الأول لكونه هدف الانقلاب الفاشل والثاني لكونه طرف الخصومة التي أفرزتها أحداث 1958 بين الحزب القومي الاجتماعي والحزب التقدمي الاشتراكي الذي يرأسه كمال جنبلاط. والجدير ذكره هنا أن بهيج تقي الدين كان حليفاً لكمال جنبلاط في جبهة النضال الوطني النيابية، وكان جان دايه قد علق أهمية كبيرة على هذه العلاقة الحميمة علها تساعد في فك الحصار عن أدب أخيه سعيد الذي بات، ليس وقفاً على آل تقي الدين وحسب، بل ملكاً عاماً لجميع اللبنانيين. ولكن "حساب الحقل لم يكن مطابقاً لحساب البيدر" مما اضطر

الشيخ بهيج إلى الاعتذار والتحفظ والتذرع بالظروف غير المؤاتية لتكريم أخيه سعيد تقي الدين.

ثالثاً: الرأي العام الموجه ضد الحزب السوري القومي الاجتماعي.

كانت القيادات السياسية (الطائفية) في لبنان تعمل ضد الحزب القومي الاجتماعي منذ اليوم الأول لتأسيسه عام 1932. وكان السبب الرئيسي لهذا العداء مبادئ الحزب نفسها التي قامت على أسس علمانية متطورة تجاوزت منطوق الإقطاع الطائفي ودعت إلى فصل الدين عن الدولة وإزالة الحواجز بين مختلف الطوائف في تمهيد لقيام الدولة العلمانية التي تساوي بين مواطنيها وتحضن جميع الطوائف والمذاهب حيث يولد فيها الانسان الجديد الذي ينتمي إلى وطن وليس إلى طائفة.

وقد تعرّض الحزب خلال مسيرته الطويلة إلى الكثير من المحاولات لضربه والقضاء عليه على يد رموز الطوائف من كل صوب، غير أنه كان يستمر بأصحاب النفس الطويل المتمكنين من العقيدة التي يكمن فيها سر انتصار قضيتهم. وهكذا يُعتبر الحزب القومي بنظر الحكومة اللبنانية والمتربعين على عروش الطوائف، عدواً دائماً وتهديداً مستمراً للكيان الذي يضمهم ويجب أن يكون لبنان (بنظرهم) "كياناً نهائياً" بكل ما فيه من نقص وشذوذ.

إن تكريم سعيد تقي الدين في جو كهذا، مفعم بالحقد والكراهية، غير ممكن الموافقة عليه من قبل أصحاب النفوذ المتحكمين في كل صغيرة وكبيرة، حتى ولو كان ينتمي سعيد إلى إحدى العائلات الإقطاعية وأشقاؤه يدينون بالولاء للنظام.

رابعاً: تقاعس عائلة تقي الدين عن المطالبة بالحق.

ذكرنا سابقاً أن أربعة من أشقاء سعيد تقي الدين كانوا ملحقين بالدولة اللبنانية ولهم فيها المكانة والحصانة المرموقتان. فكان خليل سفيراً، وبهيج نائباً ووزيراً لعدة دورات، ومنير مديراً عاماً ثم سفيراً، وبديع عميداً لكلية الرياضيات في الجامعة اللبنانية. والذي يعرف كيف تدار شؤون الدولة اللبنانية، يعرف تماماً أنه لو كان للعائلة، الممثلة بالأشقاء الأربعة، الإرادة الصلبة بأن يكرم الأديب سعيد تقي الدين (وليس شقيقهم الشيخ سعيد)، لجعلوا من المستحيل ممكناً. ولكن تقاعسهم عن المطالبة والملاحقة كانت مقصودة برأيي (وأنا أتحمل مسؤولية ما أقول).
لقد رضخوا جميعهم للواقعية البغيضة التي حالت دون التكريم المطلوب، خوفاً على مناصبهم وامتيازاتهم التي كانوا يحققونها من خلال انغماسهم بالنظام الطائفي الذي يحكم به لبنان وكان قد رفضه الشقيق "سعيد" طوال مسيرته الأدبية والإنسانية.

بقي أن نتوجه إلى كل مواطن متحرر من قيود ذلك الماضي البغيض الذي يرمي بثقله على بعض الحاضر، أن يعمل كل في مكانه ومجاله، لإبعاد أشباح الخوف والارتباك عن مسيرتنا الوطنية باتجاه العلمانية والدولة المدنية، والإضاءة على فكر سعيد تقي الدين الذي أكد بفكره ونهجه أنه لكي يسلم الوطن يجب أن يكون فيه الجميع مؤمناً بأن "كل مواطن خفير".

➤

خالد حميدان يوقع إصداراته الخمسة
في احتفال تكريمي برعاية مركز التراث العربي

الجالية ـ تورنتو
تحقيق وتصوير: سمير قاسم

مساء السبت في 10 نيسان 2010، أقام مركز التراث العربي في قاعة البيت الدرزي في تورنتو، مأدبة عشاء، دعا إليها مسؤولي المؤسسات العربية والإعلاميين العرب وبعض الأصدقاء من أبناء الجالية تكريماً للكتب الخمسة التي صدرت مؤخراً عن المركز الاستشاري للإعلام

لمؤلفها الأستاذ خالد حميدان، رئيس مركز التراث العربي وناشر جريدة "الجالية". أما عناوين الكتب فهي: الأبله الحكيم، كلمات بلا حواجز، الوصايا العشر، أوراق حائرة وبيت التوحيد بيت العرب..

وقد اعتبرت هذه الأمسية، بشهادة كل من حضر، من أنجح المناسبات الجاليوية لما تضمنت من تنوع في الحضور ورغبة من قبل الجميع للمشاركة في أعمال أدبية وثقافية. ولذا قال الأستاذ حميدان في كلمته: "نشكر البيت الدرزي على استضافة مركز التراث العربي في هذه المناسبة ونأمل في أن تكون هذه الأمسية فاتحة خير لتفعيل دور المركز واستئناف النشاطات الثقافية والتراثية بما يوجبه التفاعل الطبيعي ومد الجسور بين سائر المكونات الاجتماعية، ومثل هذه النشاطات هي آلية المناعة الأفضل والرد الأمثل بوجه التحديات الحضارية التي تواجه جالياتنا العربية."

غصت قاعة البيت الدرزي بالضيوف الذين كانوا يتجهون إلى الطاولة حيث كانت تعرض الكتب لتناولها قبل الاتجاه إلى طاولة العشاء. وكان المؤلف يتنقل من طاولة إلى أخرى للتوقيع عليها.

وإلى جانب الأصدقاء الذين حضروا الاحتفال من مدينة تورنتو وضواحيها، كان الدكتور كلوفيس مقصود، أستاذ القانون الدولي في الجامعة الأميركية في واشنطن والسفير الأسبق لجامعة الدول العربية في الأمم المتحدة، الذي جاء خصيصاً للمشاركة في المناسبة وهو الذي قدّم لكتاب "كلمات بلا حواجز". كما حضر الاحتفال الدكتور مختار لماني، السفير السابق للجامعة العربية في العراق والمقيم حالياً في مدينة كيتشنر، أونتاريو.

الشاعر أحمد التنوري

بعد تناول العشاء، توالت الكلمات منوهة بالإصدارات الخمسة بحسب البرنامج الذي أعد لها، بإشراف وتقديم الشاعر أحمد التنوري الذي خص المناسبة ببعض النفحات الوجدانية إذ قال: "نحتفل اليوم بهذا الإصدار الأدبي الرائع في تحفه الخمس الحاملة توقيع صاحب القلم الراقي، المتنفس من وارف الوطنية وشذا تراثها المجيد ومؤسس مركز التراث العربي في كندا.. خالد حميدان بليغ الكلام، صريح العبارة، لا يعرف مجاملة أو مواربة، بل يخترق بصدقه وجرأته كل الحواجز كما يخترق النور صدر الظلام.."

الكلمة الأولى كانت للأستاذ جلال مرعي، رئيس الهيئة الادارية للجمعية الدرزية الكندية الذي رحب بالحضور وأكد على مسيرة المحتفى به الأدبية، كما أشار إلى نواح أخرى في شخصية خالد حميدان وهو الذي عرفه ليس أديباً وصحافياً وحسب، بل أيضاً كاتباً ومخرجاً ومنتجاً وموسيقياً، وله في هذه المجالات جميعها الباع الطويل.

كانت الكلمة التالية للأستاذ وليد الأعور، رئيس الشبكة العربية الكندية، الذي نوه بهذا اللقاء الأدبي والثقافي الفريد من نوعه في بلاد الاغتراب. ويقول في هذا المضمار: "إن الكلمة المحكية تبقى عرضة للتحريف والتأويل والنسيان، أما الكلمة المدونة فهي تحمل في طياتها المصداقية والمسؤولية وشجاعة الموقف.

الأستاذ وليد الأعور   الأستاذ جلال مرعي

وهذا ما اختبرناه في رفقة الأديب خالد حميدان الذي رسم لنا في مؤلفاته، "خارطة الطريق" إلى ما هو الأصلح والأفضل. لقد كان شامخاً في عطائه وتطلعاته، في عزمه وعنفوانه، ولم ينحنِ سوى للكلمة الراقية ولنداء المحبة."
الدكتور عاطف قبرصي، أستاذ الاقتصاد في جامعة ماك ماستر، تكلم عن أهمية التراث الوطني في حياة الأمم مشيراً إلى مسؤولية أبناء الجالية العربية في إحياء ونشر تراثهم الذي يبقى السلاح الأمضى بوجه التحديات والتعديات التي يتلقونها من أعداء العرب، ويضيف: "بالحفاظ على تراثنا، نساهم في إثراء التنوع أدباً وفكراً وعلماً، ونشارك في استمرارية المجتمع الكندي الذي يقوم على التكافل والعدل والانفتاح.. وإن مركز التراث العربي، الذي نعمل جميعاً من خلاله في كندا، لهو جزء

د. يوسف مروّه   د. عاطف قبرصي

من هذه الخميرة العاملة على حفظ التوازن الثقافي في مجتمع التعددية والتنوع.."

أما الدكتور يوسف مروه، رئيس الاتحاد العالمي للمؤلفين باللغة العربية ـ فرع كندا، فقد خصص كلمته لشرح المضمون الفلسفي لكتاب "الأبله الحكيم". يقول: "في دراسة كتاب "الأبله الحكيم"، نجد عملاً فكرياً وجدانياً فلسفياً. ونلاحظ أن النص الأدبي قد استوفى درجات الكمال، واجتمعت فيه مقومات الفكر والعاطفة والخيال والأسلوب الجميل، بالإضافة إلى ما حملته هذه المقومات من ظلال، وأضواء، وإيقاعات وأنغام.."

ثم يضيف في مقطع متقدم: "في مراجعة كتاب "الأبله الحكيم"، نجد مقطوعاته الوجدانية مشحونة بالأفكار العرفانية والفلسفية، تعبّر عن أبعاد مادية ـ روحية

(مدرحية)، تتسامى وترتفع في أجواء وآفاق تتجاوز حدود الزمان والمكان (الزمكان)، فنكتشف فيها تياراً من الأنفاس والمشاعر التي تتمحور حول "مدرحية المحبة".. وفي مكان آخر يقول: "وهكذا فإن كتاب "الأبله الحكيم"، كما وصفه الفيلسوف الكبير ميخائيل نعيمة في رسالته إلى الأستاذ خالد حميدان، تميز بالحكمة والعمق الصوفي والنفثات الشعرية الأصيلة المتصاعدة من الوجدان، وبالنزعة الباطنية التي لا تتهيب الغوص إلى الأعماق ولا تتلهى بظواهر الأشياء عن بواطنها.." وقبل أن يغادر المنصة، قدّم الدكتور يوسف مروّه، باسم الاتحاد العالمي للمؤلفين باللغة العربية، لوحة تذكارية إلى الأستاذ خالد حميدان تقديراً لمؤلفاته ولجهوده المستمرة في إحياء ونشر الثقافة العربية في بلاد الاغتراب.

السيدة ليلى البندقجي، المديرة التنفيذية لمركز الجالية العربية، ارتجلت كلمة من القلب منوهة بالصفات التي يتحلى بها خالد حميدان والمواقف المتعددة التي تبرز شخصيته النادرة وكأنه المؤتمن الحريص على كل ما يعني الجالية العربية في شؤونها وشجونها، ومنها كان إصداره لجريدة باسم "الجالية" حيث ساهم في تغطية ونشر كل ما يهم أبناء الجالية من أخبار ومقالات ودراسات وغيرها من التحقيقات الصحفية، وقد توج اهتماماته الأدبية والثقافية بالكتب التي أصدرها مؤخراً.

وقد نوهت بشكل خاص بأحد المؤلفات الذي يحمل عنوان "بيت التوحيد بيت العرب" لتقول: "لقد ألقى هذا الكتاب بعض الضوء على حقائق كثيرة كنا نجهلها وقد أوردها المؤلف بأسلوب سهل مدعمة بدراسات معمقة وهنا يكمن سر نجاح التجربة.

د. جوزيف دابله   السيدة ليلى البندقجي

الكلمة التالية كانت لصديق المحتفى به الدكتور جوزيف دابله الذي تساءل في مستهل كلمته قائلاً: "من نكون ولماذا نحن هنا..؟ هل اخترنا اللقاء أم أن اللقاء اختارنا؟ إن خالد حميدان، بما جاء في حكمته وتجاربه وتصويره لحقيقة وجودنا في إصداراته الخمسة، ما دعانا إلى اللقاء حيث تحفظ الفضيلة النصاب وتضيء المحبة قلوبنا"، ليخلص إلى القول بأن الانتصار للمحبة لا محال مهما

عصفت بنا رياح الشر، وتجربة خالد ماثلة حية أمامنا قوامها الصبر ومفتاحها الأمل..

وفي رده على ما جاء في الكلمات التي تقدمت، استهل المحتفى به الأستاذ خالد حميدان كلمته بالقول: "يسعدني كما يشرفني ما قدّمه الأصدقاء الذين توالوا على الكلام، من صدق العاطفة ونبل المشاعر.. وإنني لأعتبر كل كلمة وردت بمثابة وسام شرف أعتز به وأفاخر..
ولمناسبة هذا التكريم، أتوقف هنا لأردد مع المغفور له المحامي والأديب والشاعر الأمين عبد الله قبرصي الذي قال غداة تكريمه في لندن وكان قد قارب الثمانين من العمر: "ما نفع التكريم بعد الوفاة؟ أوليس جميلاً أن أسمعَ تأبيني أو أقرأه، عوضاً عن تلاوته فوق جثماني، وأنا لا أسمع ولا أق؟"
قد أكون أنا في عداد المحظوظين القلائل الذين يدركون الحفاوة والتكريم بالسمع والبصر قبل أن يقضيَ الله ما يشاء من الأقدار.."

ثم تكلم عن دور مركز التراث العربي في بلاد الاغتراب فأشار إلى أهمية التواصل في إحياء ونشر المآثر العربية القديمة والحديثة وكذلك الإشارة إلى الإبداعات الجديدة التي تثبت أقدامنا في سائر بقاع العالم، فتبعد عنا التهميش والتجاهل. ثم انتقل للكلام عن الكتب الخمسة التي

أصدرها والظروف التي رافقتها ودفعته إلى إصدار خمسة كتب دفعة واحدة.

وعن "الأبله الحكيم" يقول المؤلف: "أما "الأبله" الذي تحدث عنه الكتاب، هو ليس غريباً عنا، بل هو كل واحد منا. فالبلاهة والحكمة قوتان تتصارعان داخل الذات البشرية التي تتحكم فيها الحواس الخمس القاصرة سلباً أو إيجاباً. فإذا ما تغلبت البلاهة على الحكمة، يأتي الانسان أفعال الخطأ التي تؤدي إلى الشر غالباً. وعلى العكس، فإذا ما تغلبت الحكمة على البلاهة فيأتي الانسان أفعال الصواب التي تؤدي إلى الخير..

وتأتي دعوة "الأبله الحكيم"، في وجدانيات دافئة، لتعميق المحبة داخل الذات البشرية لتتغلب على تأثيرات الحواس المغرية وتتمكن الحكمة من البلاهة فيقترب الانسان من الكمال وإن كان صعباً بلوغُه..

هذه النظرية الخاصة التي أوردتُها في كتاب "الأبله الحكيم"، تحدد علاقة الانسان بالله وتبرز المحبة لتدل على الطريق المباشر إليه دون وساطة الوسطاء من مبشرين ودلالين.. أوليس الله محبة؟ أوليس الله نبع المحبة؟ فعلى ماذا يختلف الناس على الأرض؟ فالمحبة لا تنتصر بغير المحبة كما لا يبصر قاتل النور إلا بذلك النور.. ولا يمكن الاقتراب من الكامل إلا بالكمال ولا يصان الحق بغير الحق كما لا يدرك العزيز بغير العزة.."

د. يوسف مروّه يقدم اللوحة التذكارية إلى المحتفى به

وقبل أن أذهب بعيداً في الكلام عن الظروف التي رافقت عملية الإصدار، يهمني أن أشير إلى كلمة الإهداء التي تضمنها "الأبله الحكيم" في طبعته الثانية والموجهة إلى رفيقة الدرب فادية حاطوم حميدان التي، مهما قلت فيها، لن أوفِّيها من الوفاء إلا قليله.. وكذلك إلى حبيبيّ ديالا وضياء اللذين يشكلان إلى جانب الحبيبة فاديا عالمي الصغير الذي يعطيني القوة والرجاء في الحياة..

السيدة فادية حاطوم حميدان

" إلى فادية.. حبيبتي وسميرتي في ليل الرجاءْ،
وإلى بهجة العمر حبيبيَّ ديالا وضياءْ.

المحبة ولا شيء غير المحبةِ..
وصيتي وهديتي
إلى عالمي الصغيرِ هذا،
الذي يُختصر فيه العالمُ الأكبرُ.. "

ويتابع خالد حميدان ليقول: "أما بعد، وفي عودة إلى الصديق أحمد التنوري، فإنني على يقين بأن الكلمات، مهما عظمت، لن تعبر عن شكري وامتناني له لما أدرجه في تقديمه الرائع. ولذلك سأستبدل الشكر بغيره من الكلمات لأقول: هو الأخ المحب الذي لم تلده أمي (على حد تعبير ميخائيل نعيمة) والصديق الأوفى الذي اختبرته التجارب، والشاعر الذي يشبه "الأبله الحكيم" في صفائه وثورته، في إقدامه وإحجامه.. هنيئاً لك تلك الصفوة الروحانية التي تتحلى بها، فإذا ما بلغت درب المحبة، فأنت قريب لكل عابر وحبيب لكل مسافر.."

وقبل أن يغادر المنبر، قدّم الأديب خالد حميدان الدكتور كلوفيس مقصود، بكلمة وجدانية رائعة جاء فيها: "سأعترف لكم أنه، خلال هذا العمر الطويل، انتابني

شعور بالعظمة مرتين: المرة الأولى يوم قدّمت الأديب الكبير الراحل ميخائيل نعيمة للكلام في حفلة تكريمية أقمتها على شرفه في بلدة شملان.. والمرة الثانية يوم قدّمت صاحب مشروع الدولة العلمانية المدنية في لبنان، المطران غريغوار حداد، أطال الله بعمره. وها أنا اليوم أشعر بذات العظمة وأنا أقدم الدكتور كلوفيس مقصود. فأيقنت بما لا يقبل الشك، أنك تشعر بالعظمة فقط عندما تقدم عظيماً.."

وكانت الكلمة الأخيرة لضيف الاحتفال الدكتور كلوفيس مقصود الذي عرض للأزمة التي يعاني منها الانسان العربي المعاصر في الوطن كما في المغتربات. وقد شرح الأسباب التي أدت إلى هذه الأزمة وأهمها فقدان البوصلة

والمرجعية الموثوقة ووقوع الانسان العربي في مستنقعات "الواقعية العربية" التي لا تعني سوى الخضوع والانهزام وفقدان المناعة الوطنية. وللخروج من هذه الأزمة، يرى الدكتور مقصود أنه لا بد من إعادة قراءة التاريخ واستنباط الدروس والعبر منه مؤكداً على دور الجاليات العربية في المغتربات لتكون بحسب ما تقتضيه المواطنة الصحيحة في وطن الإقامة لا كما هي عليه الحالة في وطن المنشأ..

ثم يضيف: "في ضوء كتاب "كلمات بلا حواجز" لمؤلفه الصديق خالد حميدان، تحولت استساغتي إلى قراءة الأدب السياسي والالتزام بمشروع النهضة، وإلى ما أثبته خالد حميدان من قدرة على الدعوة كما على التقيد بكل الميزات القيادية التي رافقت مضامين ما احتوت عليها نصوص الكتاب. وهذا ما يدفعني في كل مناسبة إلى "تحريض" الجالية العربية في كندا وفي غيرها من المغتربات، لتكون خميرة لما يجب أن يكون عليه الوطن في ظل تواصل بناء خدمة للوطن الأم ولوطن الإقامة على حد سواء..

وفي ختام الاحتفال قدم الأستاذ خالد حميدان إلى الدكتور كلوفيس مقصود هدية تذكارية باسم مركز التراث العربي، هي عبارة عن درع المحبة والوفاء. كما قدم لوحة تقديرية إلى كل من الدكتور يوسف مروّه والدكتور جوزيف دابله تقديراً لمساهماتهما العلمية.

تولت السيدة ديالا حميدان إلى جانب الشاعر الأستاذ أحمد التنوري، التعريف بالمتلقين الثلاثة والتنويه بإنجازاتهم وإبداعاتهم التي يفخر بها كل إنسان عربي..

من اليمين: د. كلوفيس مقصود، خالد حميدان والنائب الفدرالي عمر الغبرا

فيما يلي لقطات تذكارية من حفلة التوقيع والتكريم

فلسفة المحبة والنظرة المدرحيّة
في كتاب "الأبله الحكيم"

بقلم: د. يوسف مروّه

2010/05/09

في دراسة كتاب "الأبله الحكيم"، لمؤلفه الأستاذ خالد حميدان، نجد عملاً فكرياً وجدانياً فلسفياً. ونلاحظ أن النص الأدبي قد استوفى درجات الكمال، واجتمعت فيه مقومات الفكر والعاطفة والخيال والأسلوب الجميل،

بالإضافة إلى ما حملته هذه المقومات من ظلال وأضواء وأنغام وإيقاعات.

والأبله الحكيم هو شخصية رمزية تجمع بين البلاهة والجنون من ناحية، والنباهة والعقل من ناحية أخرى. وقد استخدمها الكاتب في توضيح وشرح آرائه وأفكاره كما فعل نيتشة في "هكذا تكلم زرادشت" وغوته في "الديوان الشرقي" وجبران خليل جبران في "النبي" ونعيمة في "مرداد" وحاوي في "نهر الرماد". فالباحث في معنى ومفهوم وكلمات "الأبله الحكيم" يقع في حيرة إذا أراد أن يطلق صفة أو تسمية معينة لتعبر عن جوهر تلك الكلمات، لأنها في الواقع تأملات ونغمات ونفثات ونسمات وتألقات وخواطر وحكم وأضواء وألحان ورؤى وآفاق ورسائل في آن واحد.

ويلاحظ القارئ الباحث أن مفهوم المحبة هو المحور الفلسفي والعلمي الرئيسي في رسائل "الأبله الحكيم". وتتمحور حوله عدة مضامين نفسية وصوفية وفلسفية. ومهما تعددت المضامين فإن الجوهر لا يتغير ولو ظهر بألف وألف صورة. فالكائن الحي تجذبه الحياة، لأنه يلمس فيها كل ما خلقه الله من حق وخير وجمال. وبالتالي من حق المفكرين والفلاسفة المبدعين أن يؤمنوا بخلود القيم الروحية. وبأن المحبة والحياة والروح والنفس والعقل والذات والضمير، تنتصر دوماً على الموت، لأنها تذوب في آفاق اللانهاية. وهذا الذوبان يعني الخلود في حياة

أبدية لامتناهية، ذلك أن كل ما يقع في نطاق شبكة اللانهاية يصبح جزءاً منها أي لا متناهياً.

في مراجعة "الأبله الحكيم" نجد ثلاث عشرة مقطوعة من الشعر المنثور أو النثر الشعري، مشحونة بالأفكار الوجدانية والعرفانية والفلسفية، تعبر عن أبعاد مادية ـ روحية (مدرحية)، تتسامى وترتفع في أجواء وآفاق تتجاوز حدود الزمان والمكان (الزمكان)، ونكتشف فيها تياراً من الأنفاس والمشاعر والأحاسيس التي تتمحور في حركاتها حول محور مدرحية المحبة، ويتجذر وجودها في آفاق الكون اللامتناهية، وتتجلى معانيها في أعمال الإنسان النبيلة وسلوكياته الحسنة. ويمكن للباحث من خلال التأمل في مقطوعات "شمعة ساهر" و"أبعد من حلم" و"لمَ أحيا" و"أمل لا يموت"، أن يكتشف بسهولة الروابط الفكرية التي تشير إلى انتماء وارتباط فكر المؤلف بمدرسة الفلسفة المدرحية التي وضعها أنطون سعادة. ففي دراستي المتأنية للأبله الحكيم اكتشفت مؤشرات فلسفة المحبة من خلال الرموز المتألقة في كلمات وسطور المقطوعات الشعرية المنثورة في الكتاب. ووجدت أن مفهوم "المحبة" الموضوعي يعني التجاذب وميل الطبع الإنساني إلى الأشياء المتناسقة والمتماثلة. وأما مفاهيم ومعاني وأوصاف المحبة الوجدانية فقد جاءت في تعابير وتأملات الكاتب بصورٍ وألحانٍ عديدة مثل

برعم الأمل، سر الخلود، نغم الروح، بهجة النفس، عطر الحياة إلى ما هنالك من صور مماثلة.
وفيما يلي بعض الأمثلة من صور المحبة التي جاءت في مقطوعة "شجرة العطاء"

"لا تمنح عطاءَك لقريب
دون بعيد
وحبيب دون بغيض..
فإذا ما بلغت درب المحبة
فأنت قريب لكل عابر
وحبيب لكل مسافر!"

"وإن أعطيت محبةً
فلتهدي منها ما استطعت
فلا مكان تحت الشمس
لمن يأخذ ولا يعطي."

"اجعل لنفسك من المحبة زاداً
ومن الإيمان ذخراً
وكن مؤمناً ضروعاً،
فإن أوصدت بابك بوجه النور
قتلتك أشباح الظلمات.."

وهكذا فإن كتاب "الأبله الحكيم" كما وصفه الكاتب الفيلسوف ميخائيل نعيمة، **"تميز بالحكمة وبالعمق الصوفي وبالنفثات والأنفاس الشعرية الأصيلة الصاعدة من الوجدان، وبالنزعة الباطنية التي لا تتهيب الغوص إلى الأعماق ولا تتلهى بظواهر الأشياء عن بواطنها"**. والملاحظ في "الأبله الحكيم" أن الأستاذ خالد حميدان، عندما تطرق إلى الجانب المادي من فلسفة المحبة، توصل إلى الكشف عن ناموس المحبة الكوني، حيث أن المحبة هي التجاذب الكوني القائم بين المخلوقات من أصغر ذرة في الوجود إلى أعظم مجرة في الكون. فهي العُرى اللامرئية التي تربط بين الأشياء في المتصل المدرحي، وهي خيوط التجاذب المحسوس والمرصود التي تصل بين الأشياء في المتصل الزمكاني. ذلك لأن الكون، كما يقول أينشطين، هو متصل زمكاني (Universe is a space-time continuum) وأن الوجود، كما يقول سعادة، هو متصل مدرحي (Existence is a materio-spiritual continuum). وقد يسأل سائل عن الفرق بين متصل أينشطين الكوني الزمكاني، ومتصل سعادة الوجودي المدرحي؟ والجواب هو أن الأول محدود بأبعاده وآفاقه، ويتسع مداه ليشمل أفعال وردود أفعال قوى

الكون المادية من جاذبية وكهرطيسية ونووية. في حين أن الثاني بلا حدود وتمتد أبعاده وآفاقه إلى ما لا نهاية، ويتسع مداه ليشمل أفعال وردود أفعال قوى الكون المادية وقوى الوجود غير المادية مثل الروح والحياة والعقل والنفس. والمعروف أن أينشطين صاغ نظرية النسبية الكونية بمعزل عن الوجود الإنساني ودوره الكوني، في حين أن سعادة صاغ النظرة المدرحية الوجودية وجعل الإنسان محوراً للوجود. وهذا هو الفارق الرئيسي بين نظرة أينشطين ونظرة سعادة.

فالإنسان إذن كائن فاعل في الكون وفي الوجود، ويشكل بحد ذاته متصلاً مدرحياً زمكانياً في آن واحد. وهنا تظهر قيمة وأهمية المحبة في هذا المتصل كمحور ذي قطبين، أولهما روحي، وهو الميل الفطري نحو الأشياء الجميلة المتناسقة في الشكل والمتماثلة في الصورة. وثانيهما مادي، وهو التجاذب بين شحنتي الكهربائية السالبة والموجبة في ذرات الوجود.

وفي الخلاصة، نؤكد على أن المحبة هي جوهر وسبب الانسجام والاستقرار والتوازن الكوني بين كل المخلوقات والكائنات. وأن جوهر المحبة (أي التجاذب الكوني) يكمن

في سر المساواة المطلقة بين مقدار الشحنة الكهربائية السالبة في جسيمة الإلكترون والشحنة الموجبة في جسيمة البروتون في كل ذرة من ذرات الوجود. ولو أن مقدار إحدى الشحنتين زاد أو نقص عن الآخر بمقدار جزء واحد من تريليون جزء من وحدة قياس الشحنة الكهربائية المعروفة باسم (الكولومب) فإن ذلك يؤدي إلى سيطرة الشحنة السالبة أو الموجبة على ذرات المادة في الكون. وهذا ما يجعل تلك الذرات في حالة تنافر دائم بدلاً من حالة التجاذب الدائم. وهذا بدوره يؤدي إلى دمار الكون وانهيار نظام الوجود وتشويه الخلق والخليقة وتعطيل القوانين الطبيعية في الكون.

➤

"الأبله الحكيم"..
الطريق إلى الإشراق والمعرفة!

بقلم: مكرم سعد

2010/06/06

يخيل إليك وأنت تقرأ كتاب "الأبله الحكيم" لمؤلفه الأستاذ خالد حميدان، أنك بحضرة حكيم من حكماء الهند، آلمه أن يتحول العالم عن روحانيته الأزلية إلى حضيض المادة الفانية التي "تندثر مع حركة الكون والفساد" على حد تعبير المؤلف، فراح يبشر بالفرح والمحبة عله إذا ما لاقى الآذان الصاغية والنفوس الصافية، استطاع أن يرتفع بالإنسان إلى ما هو أرقى من حواسه الخمس القاصرة..
يقول خالد حميدان في مقدمة الكتاب ـ وتحديداً في الفقرة التي ينقل فيها وقائع لقاءاته بالأديب الكبير ميخائيل نعيمة.. "العودة إلى المحبة وما يستتبعها من تطلعات

روحانية، تجعلنا نتمسك أكثر فأكثر بالقيم الانسانية التي أخذ الواحد منا يبتعد عنها لتعلقه بالمادة. وحيث لا مكان للمثالية في حياتنا الأرضية، فإن فعل المحبة هو السبيل الوحيد للاقتراب من القيم والمثل العليا ولو كان الاتصال فيها مستحيلاً.."

قد يبدو للمرء أن هناك تناقضاً في تسمية الكتاب إذ لا يمكن أن تتجانس البلاهة مع الحكمة. ولكن سرعان ما تنجلي الصورة لتعلن عن ذاتها لأنها تعبر عن واقع الانسان كما يقول المؤلف: "أعتقد جازماً بأن الذات البشرية تحتوي في داخلها على قوتين متصارعتين أبداً هما "البلاهة والحكمة" تكون الغلبة لإحداها في كل فعل يأتيه الانسان على حدة. فاذا ما انتصرت البلاهة على الحكمة يأتي الانسان أفعال الخطأ التي قد تؤدي إلى الشر. وعلى العكس اذا ما انتصرت الحكمة على البلاهة، فإنه يأتي الأفعال الصائبة التي تؤدي حتماً إلى الخير.." إذن البلاهة التي يعنيها المؤلف، تتمثل في عدم تيقظ الانسان إلى ذاته ودوره الانساني، وهي تكمن في الذات البشرية كما الحكمة. ويأتي نداء الأبله، "دعوة جادة من أجل تعميق الحكمة في ذاتنا لتكون منتصرة دائماً على البلاهة فيها."

والسؤال الذي يطرح في مثل هذا المجال هو في أي موقع إنساني يجد الكاتب نفسه وهو يتكلم عن المحبة؟ وقد أجاب

عليه خالد مراراً في مقابلات مع الصحافة والتلفزيون لدى صدور الطبعة الأولى من كتابه خلال العامين 1974 و1975 حيث قال: "في موقع كل مواطن يسعى إلى خلق مجتمع أفضل. فالمحبة هي الإطار الأكبر لجميع القيم الأخرى كالتواضع والتسامح والاحسان والعطاء وغيرها، وفيها العودة إلى الحقيقة والتأكيد على الإيمان، والخلاص الحتمي للإنسان من تعاسته على الأرض.."

وتجدر الإشارة هنا إلى أن صاحب الأبله الحكيم، لم يكن شيخاً معمراً عندما أصدر الطبعة الأولى من كتابه هذا، بل كان شاباً فتياً في العشرينات من العمر.. نشأ وترعرع في لبنان، حيث يشمخ الأرز محدقاً في اللانهاية لكشف أسرار الخلق والخالق الذي خصّ إنساننا بأرض طاهرة هي أرض الآلهة التي تثمر رسالات ونبوءات.. رعته عائلة محافظة في أجواء الفضيلة والمحبة والالتزام بالأمة والوطن، فشرب مع حليب الطفولة مكارم الأخلاق والقيم السامية الأصيلة. درس في دور علوم مختلفة وقرأ الأدب والفلسفة والقانون.

إنني، وبالرغم من كوننا أبناء منطقة واحدة، لم أكن أعرف عنه الكثير في ذلك الوقت سوى أنه كان رئيساً لمجلس إنماء قضاء عاليه والرئيس المشرف على مدرسة دار الحكمة في عبيه، هذا الصرح التربوي والتعليمي

الكبير الذي كان له دور طليعي في بناء رجالات من الطراز الأول، يحتل معظمهم اليوم مراكز مرموقة سواء في لبنان أم في الخارج..

إن الدعوة التي أطلقها الصديق خالد حميدان في كتابه "الأبله الحكيم" تستحق التوقف والتأمل والمعاينة بدقة. وكإني به يطرح فكراً جديداً بديلاً عن الفكر الديني الذي استهلكته الشعوب على مدى آلاف السنين وكانت بنتيجته الحروب والويلات التي نالت من الانسان قتلاً وتشريداً وتدميراً. وكأنه يدعو إلى التمسك بالإيمان والتقوى من خلال دعوته إلى المحبة التي تدلك إلى الله بالإقناع وليس خوفاً من عقاب الآخرة.

ففي مقطع وجداني يخاطب فيه الانسان يقول: "أخي، لماذا تنثر الكدر في حقل أيامي.. أما علمت أن السموم قد تنقل على جناح الرياح إلى حقولك فتفسد زرعك وزرعي.." وفي مكان آخر يقول: "أيها العابثون بمشيئة الله.. لا تقربوا أوكار الظلام، ولا تواكبوا قافلة الضباب إن كنتم تقصدون النور... واعلموا أنكم تسيرون في نفق من الضلال لن تهتديَ فيه قلوبكم بغير ذكر الحق! وإن ذكرتم الحق في أنفسكم، فإنكم سترشدون.."

ويضيف مؤكداً: "أوليس الله محبة؟؟ أوليس الله نبع المحبة؟؟ فعلى ماذا يختلف الناس على الأرض؟ فالمحبة لا تنتصر بغير المحبة كما لا يبصر قاتل النور إلا بذلك

النور! ولا يمكن الاقتراب من الكامل إلا بالكمال، كما لا يمكن بلوغ الرحمن سوى بالرحمة.. وكذلك، فإن الحق لا يصان بغير الحق، كما لا يدرك العزيز بغير العزة.."

برزت حاجة الانسان الى قوة عظمى عندما شعر بضعفه وعجزه أمام قوة الطبيعة الطاغية القاهرة وفشله في السيطرة والتحكم بها وتلافي أضرارها وآثارها، فلجأ الى عبادة الشمس والقمر وكل ما هو أقوى منه ولم يستطع فهمه أو فك رموزه.

شعر الانسان بحاجة الى التعلق بالدين لأنه أدرك حجمه في الصغر في كون لامتناهٍ في الكبر. ربما كان المؤمنون على حقّ عندما ذكروا بأن الله كان يرعى ويراقب وبادر الى هداية البشر بأنبياء ورسل مؤثرة شعرت بحاجة الناس وتوقهم الى العدل والصدق والأمن، ونبذهم للقتل، والسرقة والظلم والخداع..

في الثلاثة آلاف سنة الماضية عرف العالم اديانا عديدة. البعض منها انقرض والبعض الآخر ما زال حتى يومنا هذا بأحجام مختلفة واتباع متفاوتة أهمها (1) اليهودية الأقل عدداً وقد تكون الأقدم بين الأديان (بين القرن العاشر والخامس عشر قبل الميلاد). (2) الهندوسية وأتباعها في الهند فقط وليس من تاريخ محدد لنشأتها سوى الألفي سنة التي سبقت الميلاد. (3) المسيحية في العقد الرابع من القرن الأول وهي أكبر الأديان وأكثرها

انتشاراً في العالم. (4) الإسلام في القرن السابع وهو ثاني أكبر الأديان انتشاراً..

دعت جميع هذه الأديان في بداياتها إلى المحبة والإخاء والعدل. ولكنها كانت تلجأ إلى السيطرة والاستئثار ومحاولة إلغاء الآخر بعد أن يستتب لها الأمر وتحكم السيطرة. حكمت وشنّت حروباً باسمها مما خلف الموت للأبرياء من الناس والدمار حول العالم. وقد استمر استغلال الحكومات والانظمة للأديان حتى يومنا هذا. وكانت أبرز الشرور وأكثرها هي التي ارتكبت باسم الدين بين القرنين العاشر والعشرين (الحروب الصليبية واستيطان القارة الاميركية واستعباد الافريقيين). أمّا قمة الشرور المبررة بالدين، فقد كانت المؤامرة اليهودية لاحتلال فلسطين في القرن العشرين بتصميم ومشاركة الغرب، وسرقتها وقتل وترهيب وتهجير شعبها واستيطان يهود أوروبيين فيها استناداً إلى أسطورة وعد قطعه الله لإبراهيم، مما خلق حالة من الرفض والإحباط بين أجيال هالها ما ترى. ثم ما لبثت أن تحركت قوى تدعو للفصل بين الدين والدولة كالثورة الفرنسية في القرن الثامن عشر وحشد كبير من رجال الفكر والسياسة والعلم الذين كان لهم الأثر البالغ في التيارات الفكرية العلمانية التي ظهرت فيما بعد، خلال النصف الثاني من القرن العشرين، في أقطار عديدة من المشرق وخصوصاً في لبنان، الوجه الثقافي للعالم العربي. كما دفعت هذه القوى أحزاباً

وهيئاتٍ وجموعاً وأفراداً الى خلق بدائل حضارية بعيدة عن الاستئثار والعصبية والشحن الديني والطائفي الذي يتجه في النهاية في محاولات مستمرة إلى إلغاء الآخر.

خالد حميدان هو واحد من الذين آلمهم أن ينحدر الانسان إلى مستنقعات الطائفية البغيضة وقد هاله ما حلّ بالوطن والمواطن في لبنان من جراء العصبية الجاهلة، حتى قبل اندلاع الحرب الأهلية عام 1975، فحمل ناقوس الخطر وراح يطرق كل باب مبشراً بما تحمله فضائل المحبة، في دعوة إلى استنفار الذات البشرية التي تنطوي على كل حق وخير وجمال..

وهكذا جاءت رسالة "الأبله الحكيم" بما حملته من معانٍ وقيم روحانية، ترفع النداء وتعلن عن ذاتها الصافية.. الطريق إلى الإشراق والمعرفة..

➤

كلوفيس مقصود..
بين مصداقية الالتزام ومصداقية الافتراض

2010/09/01

في مقال للدكتور كلوفيس مقصود بعنوان: "رمزية جامعة البلمند في سوق الغرب" كان قد نشر في جريدة "النهار" اللبنانية يوم الأحد في 25 تموز 2010، استوقفني أكثر من سؤال وأهمها: ما الذي حمل كلوفيس مقصود على التخلي عن توجيه "البوصلة" الوطنية التي يحملها منذ عشرات السنين، في هذا الوقت العصيب الذي تشهد فيه الساحة السياسية في لبنان غلياناً من الهوجائية والسجالات المحمومة.. ثم كيف يكون قيام فرع لجامعة البلمند في سوق الغرب تذكيراً لأهل المنطقة وسائر اللبنانيين (كما يشير المقال)، بأن مدرسة سوق الغرب كانت واحداً من الصروح الوطنية التي اجتمع اللبنانيون في رحابها على مختلف طوائفهم ومذاهبهم فتعلموا المواطنة ونبذ التقوقع والعصبيات والتزام الوحدة الوطنية والعدالة بين مختلف الشرائح والمكونات..

فمما لا شك فيه ان دور مدرسة سوق الغرب لا يقل أهمية عن أدوار مماثلة للكلية الوطنية في الشويفات والجامعة

الوطنية في عاليه ومعهد القديس يوسف في عينطورة ومدرسة دار الحكمة في عبيه، وهذا ما يفترض أن تكون عليه سائر المؤسسات التربوية والتعليمية في لبنان، إلا أن ما أورده الدكتور مقصود، على ما أعتقد، هو شكل من أشكال التمني باعتبار ما يجب أن يكون عليه الواقع الوطني وليس ما هو حاصل على الأرض من فرقة وشرذمة وتباعد، والكل يعرف بأن أبطال النزاعات الداخلية والسجالات العبثية في لبنان هم في أغلبيتهم، وللأسف، من خريجي المؤسسات التعليمية المذكورة.. ولذلك تراه يخلص إلى القول في ختام المقال بأن المطلوب "هو تعزيز ثقافة المواطنة وإحباط جاهلية الطوائفية".

للوهلة الأولى، انتابني الظن وكأني بالصديق كلوفيس مقصود يبدأ مرحلة جديدة في كتاباته: فهو يقلع عن التحليلات السياسية والمعالجات المنطقية بما تمليه التزاماته الفكرية والانسانية، ليتحول إلى مبشر اجتماعي يرضي سامعيه بخير الكلام أو بما قلّ منه ودلّ.. ولكن سرعان ما يعيدني الاقتناع الراسخ في ضميري إلى التنبه بأن كلوفيس مقصود، أياً كان الشكل الذي يعرض فيه للفكرة الطارئة، لا يتوانى عن الغاية الأسمى التي يرمي إليها من خلال المقال حتى ولو لم يشر إليها في سطوره، إلا أنها بدون شك، واردة بين السطور..

لقد أراد من خلال احتفال سوق الغرب "تأكيد ما يبدو مستحيلاً في خضم السجالات" التي يطالعنا بها الطاقم السياسي في لبنان وقد أسقطوا من حساباتهم كل شعور بالمسؤولية تجاه الوطن والمواطنين. لقد أراد أن يطمئن اللبنانيين الذين أضناهم القلق على مصيرهم ومصير أولادهم، "حتى لا يتحول القلق خوفاً وشؤماً" كما يقول، وهنا يكمن بيت القصيد..

وبالمناسبة، تحضرني كلمة قلتها في كلوفيس مقصود منذ وقت ليس بقصير، خلاصتها أن مصداقيته فيما يكتب لا توازيها مصداقية ذلك أنه منسجم ومتصالح مع نفسه في أغلب الأحيان. أضف إلى ذلك رسوخ العقيدة في ذهنه وصلابة شعوره بالانتماء إلى مجتمع أراد له الانتصار، مما جنبه الوقوع في أفخاخ الطامعين بالحق والأرض وأهمها ما يسمى بـ "الواقعية العربية" التي استباحت كل المحرمات وتنازلت عن كل الحقوق باسم الانفتاح والتغيير والقبول بالأمر الواقع..

غني عن كل الألقاب والأسماء.. لأنه الاستثناء! لم تستهوِه المناصب وقد احتلّ أعلاها.. في الأربعينات من القرن الماضي، رافق كمال جنبلاط في تأسيس الحزب التقدمي الاشتراكي.. وفي الخمسينات كان عضواً ناشطاً في لجان الاتصال والتنسيق من أجل المصالحة الوطنية في أعقاب الحرب الأهلية اللبنانية عام 1958. وفي الستينات كان

أول سفير لجامعة الدول العربية في الهند في عهد آل نهرو وأنديرا غاندي.
وبين العامين 67 و79 عمل في هيئة تحرير جريدة الأهرام المصرية ورئيساً لتحرير النهار الأسبوعي اللبناني في عهد الرئيس الراحل جمال عبد الناصر. وفي أيلول من العام 1979 عين رئيساً دائماً لبعثة جامعة الدول العربية لدى الأمم المتحدة. وقد استقال من منصبه في الجامعة على أثر اجتياح العراق للكويت في آب 1990، لشعوره باستباحة كرامة الأمة..
إن تعدد المراكز والمواقع التي تبوأها كلوفيس مقصود، لم تزده إلا تأكيداً وإصراراً على استمرار النضال من أجل الحق العربي الذي تواجهه التحديات من كل صوب. ويكاد ينفرد، بما اكتسبه من كمال جنبلاط وأنديرا غاندي وجمال عبد الناصر، بالصبر وطول الأناة.. مدققاً في كل كلمة يستخدمها وواضحاً في كل موقف يتخذه، ومستقيلاً متى كانت الاستقالة تعني كرامة الأمة..

*****

من رحم هذه الخلاصة النادرة خرجت مصداقية كلوفيس مقصود في كتاباته وقد أسميتها "مصداقية الالتزام"، وقد تلقاها القارئ العربي على صفحات "النهار" و"السفير" و"الشروق" والجزيرة" و"الجالية" وغيرها، حيث يبدو

الكاتب هو ذاته أينما حلّ لأنه الصادق في قوله كما في فكره لا تجرفه الرياح ولا تتمكن منه الأعاصير..
بقي أن نقول أنه يضيف بعض القراء سبباً آخر لمصداقية كلوفيس مقصود في كتاباته وقد أسميتها "مصداقية الافتراض"، ذلك أنه يفترض هؤلاء أنه طالما يقيم في واشنطن ـ عاصمة البيت الأبيض والقرار الدولي ـ فهو ولا شك أكثر من غيره معرفة في خبايا الأمور وخفاياها، وهذا يعزز مصداقيته فيما يكتب..

يضحك الصديق كلوفيس لدى سماعه بمصداقية الافتراض (كما أسميتها)، فيرد على الفور مازحاً: "يزيدني هذا ثقة وسروراً ويمدني بنشاط متجدد للكتابة طالما أنني حزت على رضى كل الأفرقاء.."

أعود لأردد وأؤكد بأن مصداقية كلوفيس مقصود فيما يكتب، لا توازيها مصداقية.. فهو هو ذاته بين "الالتزام" والافتراض"، أكان في محيط البيت الأبيض في واشنطن أم في محيط حي العمروسية في الشويفات*..

* بلدة "الشويفات"، قضاء عاليه (لبنان)، مسقط رأس الدكتور كلوفيس مقصود.

نعيم حميـدان..

الابتسامة الواعدة التي لا تغيب..

ألقيت هذه الكلمة في مجلس عزاء المغفور له نعيم حميدان يوم وداعه الأخير في مدينة ديربورن - ميشيغان في الولايات المتحدة الأميركية.

2011/01/25

اللهم أكرم علينا بنعمة العقل، لنستدلّ الطريق إليك ونتفيأ بنورك..

قدري الحزنُ والأسى إذ أودّعُ عزيزاً،
شاء أن يتخذ إلى ربِّه مآباً..
غير أنني لن أخضعَ لحواسيَ القاصرة..
تحسراً واستسلاماً!

بل سأعلو على الحزنِ وألم الفراق..
وإن عزَّ عليَّ رحيله لأقول:
هنيئاً لك حيثُ حللتَ يا نعيم.
في نعيم الله وجناته الواسعة..

لم يرحلْ طيفه،
وإن غابت ملامح ذلك الوجه الضحوك..
ولم تهدأ ثورته،
وإن توقف في صدره ضجيج السنوات..
ولم تغب إشراقته،
وهو الفاتح ذراعيه أبداً للحياة..

هكذا يعيش نعيم في ضميرنا
وفي ذكراه الماثلة أمامنا
وفي كل ما يضمر الحبيبْ
لأنه الابتسامة الواعدة التي لا تغيبْ..

ماذا أقول فيك يا عزيزاً
تشتاقك الفضيلة والمروءة..
إن أنت جالست الصغيرَ كما الكبير
والضعيفَ كما القوي..
وإن أنت سامرت الفقيرَ كما الغني..

قلبك، يا شهيدَ المحبة،
ما خفق يوماً بغير المحبة.
فاستحللتَ رحابته يا صديقي
وأثقلتَ حمولته..
فهوى القلبُ المتعبُ
وقضى الله أمراً، كان لا بد منه
ولو بعد حين..

ماذا أقول
وقد خطفك الموتُ من بيننا
وعثَّرَ فيَّ اللسان..
أنا ما جئت لأرثيك أو أبكيك،
بل لأؤكد لمحبيك..
إن آثارك،
من شعر وأحلام وأنغام
وإن رحلتَ،
فهي باقيةٌ لتشهدَ عليك
بأنك حيٌ أبداً..

فمن علِم وعمَلَ،
فهذا يُدعى عظيماً في ملكوتِ السماوات.
وعظماءُ السماواتِ لا يموتون..

بمثل هؤلاء ننتصر..

2011/08/20

من موقع المسؤولية الذاتية، كمغترب عربي، كان لي شرف تأسيس مركز التراث العربي في كندا بإرادة ثابتة بعد استطلاع الرأي ونضوج الفكرة لديّ. أما الغاية من إيجاد مؤسسة تعنى بالتراث العربي، كانت ولا تزال إحياء ونشر الإبداعات الثقافية والتراثية العربية التي كان لها الأثر البالغ في حضارة بني الانسان. كان هذا خلال العام 1995 حيث تضافرت جهود البعض من مثقفي العرب لمواكبة المركز في انطلاقته والمشاركة في نشاطاته المتعددة التي كان لها الوقع الحسن في صفوف الجاليات العربية كما في دوائر المواقع الرسمية الكندية البلدية والإقليمية والفدرالية. ولا يخفى ما لنشر التراث في بلاد الاغتراب من أهمية لما يعزز حضورنا بين مختلف المكونات والشرائح الاجتماعية، لكونه يلقي الضوء على إنجازات حضارية لا تحصى.

وبالرغم من هذه المحاولة التي تعتبر بديهية في بلد متعدد الثقافات والحضارات، لا يزال هناك وللأسف، من يشكك في هذه الأهمية. فمنهم من يقول: لماذا العودة إلى الوراء والتفتيش في خبايا الماضي على مآثر قديمة لننشرها اليوم

في عالم التقدم الصناعي والتكنولوجي. هذا تخلف واضح ولن يخدم قضايانا بشيء.. وآخر يقول: إن الإبداع العربي معطل منذ زمن بعيد ولم يعد يقوى على مجاراة التطورات الحاصلة في العالم اليوم. فمن الأفضل عدم إثارة الموضوع بممارسات تراثية أو ثقافية نحن بغنى عنها، لأنه سيكشف عن جهلنا لما وصل إليه العالم من تقدم وتطور.

وللرد على المشككين نقول: نوافقكم الرأي بأنه علينا أن نجاريَ العصر في تقدمه وتطوره. وعلينا أن نعمل أيضاً بخطى واثقة ومن منطلقات مبدئية ثابتة، تكفل استمرارنا في صناعة التراث، فلا يمكن القفز إلى المستقبل إن لم تطأ أقدامنا أرضاً صلبة، ولا يمكن أن يكون لنا تراث من العدم.. إننا نعمل، ليس بمزاجية طارئة، بل بما تمليه القواعد الأساسية والممارسة الجدية. ونشارك الفيلسوف الفرنسي تيار ده شردان الذي قال: "من ليس له ماضٍ، لا حاضر له ولن يكون له مستقبل"..

هذا من جهة، أما من ناحية القول بأن الإبداع العربي معطل اليوم، فهو قول مرفوض جملة وتفصيلاً.. والبرهان على ذلك الدراسة المعمقة التي هي بحوزتنا في مركز التراث وقد قام بالمراجعة والتنقيب والإشراف عليها صديقنا العلامة الدكتور يوسف مروه. وتشير هذه الدراسة إلى المتفوقين من الجنسيات العربية المختلفة وقد تعدى عددهم الألف ومعظمهم من المعاصرين الأحياء وقد

دلت الدراسة إلى عناوينهم وأماكن إقامتهم. وينتمي هؤلاء إلى فئات مختلفة من فلاسفة ومخترعين ومكتشفين وواضعي معادلات ونظريات مبتكرة في العلوم والرياضيات والطب والفيزياء والفلك وغيرها.. وإذا أجيز لنا تصنيف هؤلاء العباقرة المتفوقين نقول: إنهم صانعو التراث العربي في العصر الحديث.. حتى أن الكشف عنهم يعتبر عملاً تراثياً متفاعلاً، لأن التراث لا يتوقف عند زمن معين، بل هو مستمر مع استمرار الجنس البشري على اعتبار أنه مساهمة فاعلة في الحضارة الانسانية. وهنا يكمن فخرنا واعتزازنا بإنجازات مبدعينا.

د. يوسف مروّه

ومثال هؤلاء المتفوقين المبدعين إثنان من أبناء الجالية العربية في تورنتو، وتحديداً من الجالية اللبنانية، يعيشان

بيننا ومعنا ولكل منهما الباع الطويل والانتاج الوفير في العلوم والتكنولوجيا وقد سجل باسم كل منهما عدد من الاختراعات والنظريات وكانت لمساهماتهما وابتكاراتهما البصمات النافرة في الحضارة الغربية التي يفاخر بها الغربيون.. هذان المبدعان هما الدكتور يوسف مروّه والدكتور جوزيف دابله.

د. يوسف مروه: أبدع في مجال "الفيزياء النووية" وكانت له فيها نظريات جديدة يمكن استخدامها في تطبيقات تتعلق بتقنيات الانشطار والاندماج النووي.
- ابتكر نظرية ترتكز على معادلة جديدة تفسر الكون بعناصره المادية والروحية، خلافاً لنظرية آينشتاين القائمة على الوحدة المادية حصرياً. كما ابتكر نظرية جديدة في هندسة الأوضاع (طوبولوجيا).
هذه وكثير غيرها من النظريات والابتكارات والدراسات سجلت باسمه في كل من كندا والولايات المتحدة الأميركية ويلزم لتعدادها وشرحها عدد كبير من الصفحات. ولا تزال أعمال الدكتور مروه محفوظة في سجلات المراكز والمختبرات العلمية التي عمل فيها.

د. جوزيف دابله: كانت باكورة اختراعاته، وهو الذي يحمل دكتوراه في هندسة الكهرباء، نقل الطاقة الكهربائية

تحت الأرض بدلاً من الخطوط التقليدية، ما يوفر 30 في المئة من الكلفة.

أما الإبداع الأكثر أهمية فكان في اختراعه لما أسماه "زراعة القلب الذري" وهو عبارة عن تطبيق ابتكار لإصلاح المحطات النووية بالاستناد إلى خبرته في الطاقة المغناطيسية. وأنجز دابله إصلاح المحطات النووية الخمس في كندا حيث وفر على الدولة مليارات الدولارات. هذا وعلى جدول أعمال الدكتور دابله عدد من الاختراعات والنظريات الموضوعة بانتظار أن تتحقق تباعاً.

د. جوزيف دابله

فإلى المشككين الذين يجهلون تلك الحقيقة نقول: إن كنتم لا تعرفون أو لا تقرؤن فهذا شأنكم، فالشمس وإن غلفتها

أردية الضباب، لن تمسيَ رماداً.. فلا بد للضباب أن يتبدد..

وإلى هذين العالمين العملاقين المتواضعين، نرفع القبعة إكباراً وإجلالاً لأننا بمثلهما نعتز ونفاخر.. وبمثلهما نواجه التحديات الحضارية وننتصر..

➤

الإمام الصدر..
الحاضر في رسالته ونهجه أبداً..

ألقيت هذه الكلمة خلال عشاء تكريمي على شرف السيد لؤي شرف الدين، مدير العلاقات الخارجية في مؤسسة الإمام السيد موسى الصدر، في مدينة تورنتو ـ كندا مساء الأحد في 25 أيلول 2011.

خلال الستينات من القرن الماضي، ظهرت في لبنان شخصية قيادية نادرة غطت ـ في فكرها وحركتها ـ على كل ما عداها في المجالين الروحي والسياسي، واستطاعت في فترة قصيرة من الزمن أن تحتل صدارة العناوين الاخبارية في مختلف وسائل الاعلام..

جاء كالحلم العابر في سماء لبنان..

جاء.. ليحمل هم المواطن على منكبيه..

طالب برفع الظلم والغبن اللاحقين بالفقراء والمحرومين..

خاطب الانسان الحر في داخل كل إنسان، للانعتاق من الخوف والتبعية والتحرر من أشباح الرجعية..

نزع الأحقاد من صدور المؤمنين ليوطن فيها المحبة والتسامح.. ولا يخفى كيف كانت، ولا تزال، تتسلط على لبنان طبقة من المحسوبين المرتبطين بالخارج، والتي

كانت تتقاسم مغانم الجمهورية على حساب الشعب وعلى مرأى من عيونه..

عُرف هذا القائد الخالد باسم: سماحة الإمام السيد موسى الصدر.. طيّب الله ذكره وأعاده سالماً.

الإمام الصدر لم يكن إنساناً عادياً. فقد جذب الأنظار وحاز على الإعجاب من كل صوب. وقلما كان يمر يوم دون أن يكون له موقف أو تصريح أو مقال.. إلا أنه لم يرق للبعض أن يلمع نجم هذا القائد الفذ، فأخذوا عليه أنه يثير الناس ويحرضهم على الثورة المسلحة موثقين انتقادهم بالصور التي كانت تنشر في الصحافة وتبين الرجال من حوله مدججة بالسلاح..

وكان رد الإمام على المنتقدين بكل هدوء ووقار: هؤلاء الرجال.. لم يعلنوا ثورة بوجه أحد. ولا هم بالحاقدين على أحد. لكنهم يحملون السلاح ليتمكنوا من إسماع صوتهم إلى المعنيين الذين صُمت آذانهم عن مطالب المستضعفين والمحرومين، وليس من سبيل إليهم بغير صوت السلاح والرصاص..

*****

أما الشاهد الأكبر على ما أراده الإمام الصدر، من حركته الاجتماعية الهادفة، كان قيام المؤسسة التي عرفت باسمه أي "مؤسسة الإمام موسى الصدر" التي أصبحت مع الأيام مجموعة مؤسسات تعنى بالتعليم والصحة وتنمية

القدرات الانسانية وترسيخ ثقافة الانفتاح والتلاقي، عبر التفاعل مع حقوق الانسان والمساواة والعدالة الاجتماعية.
والحديث عن مؤسسة الصدر يطول ويطول.. حيث أنها تعمل في كل مناسبة، وبتوجيه من رئيسة مجلس الإدارة السيدة رباب الصدر الجزيلة الاحترام، على استحداث مشاريع جديدة وتوظيف جهود حثيثة لاستكمال رسالتها الانمائية التي وضعها المؤسس سماحة الإمام السيد.
كما يعمل صديقنا المحتفى به، السيد لؤي شرف الدين، إلى جانب والدته السيدة رباب الصدر، شقيقة الإمام، على تطوير المؤسسة من خلال اطلاعه على كل جديد في المشاريع والخبرات المعتمدة محلياً وإقليمياً ودولياً والعمل على تطبيقها داخل المؤسسة.

السيد لؤي شرف الدين وخالد حميدان

قلت للصديق السيد لؤي ذات يوم وكان يحدثني عن النجاحات التي حققتها المؤسسة في مختلف المجالات الاجتماعية: أعتقد جازماً بأن روح المؤسس الإمام الصدر، هي التي تدفع بكم إلى الأمام وتكلل أعمالكم بالنجاح، ذلك أنه حاضر أبداً في رسالته ومنهجيته أكان السيد في جسده، حاضراً أم مغيباً..

➢

ليلى البندقجي.. رحلت بدون استئذان..

ألقيت هذه الكلمة في احتفال تأبيني أقامه مركز التراث العربي في كندا، للمغفور لها السيدة ليلى البندقجي، المديرة التنفيذية لمركز الجالية العربية في تورنتو.

2011/10/29

إيمانها..
أمل واستشراق للباري تعالى.
غرامها..
حب وعطف وتسامح.

هاجسها..
تغليب العقل على الحواس القاصرة.
حلمها..
أن تعبر المحيطات بدون جواز سفر.
دافعها..
رفعة الانسان ـ أي إنسان.

شرقية السمات والهوى..
عربية المنشأ والهويـة..
وعنوانها..
راية القضية.
إنها ليلى البندقجي..
فقيدة الجالية العربية التي رحلت بالأمس بدون استئذان..

ماذا أقول في سيدة ندر مثالها،
وقد تعثر في رحيلها المفاجئ الكلام؟

ماذا أقول في سيدة مؤمنة فاضلة،
اجتازت حواجز التردد..
وتعدت بصلابتها حدود الزمان.

واجهتها حالات من اليأس

أقساها..!
وأمواج من التحدي
أعتاها..!
لكنها أدارت ظهرها غياً
ورفضت الانصياع والركوع..
فمن يمشي في ركاب المؤمنين المبشرين
هو أكبر من الاستسلام
وأعصى من الخضوع..

كانت تخاف الموت، ولكن..
ليس من الموت،
بل خوفاً على طفل ترضعه
عطفاً وكبرياء..
فكيف ينمو بغير ظلها..
وكيف يحلم بغير دفئها.
إنها الصوت والصدى..
وشذا الحقول والندى.
إنها نغم الآهات مبشراً
بإشراقة الغد الواعدة..

سوف تدور الأيام لا محال..
وتكبر في أحضانها الأجيال.

وسنعلم علم اليقين بأن ليلى
لم تغب..
بل هي حاضرة أبداً
في عزم وتطلعات الأجيال..

ترحل ليلى اليوم
وفي صدرها ألف غصة.
على مشاريع لم تستكملها..
وأعمال لم تنجزها..
على طموحات خانقة لم تبصر النور..
وكأن الموت اختطفها
من بين أحلامها
إلى عالم لا تقيم فيه الأحلام..

يقيننا أنها تحولت
إلى حلم يتراءى لكل مؤمن طموح
عامل بندائها وتوصياتها..
من أجل جالية متماسكة في المجتمع الجديد..

➤

فارس بدر: المهاجر المقيم..

2012/3/25

يتزامن صدور كتاب الصديق فارس بدر بعنوان "المهاجر.. المقيم" مع اشتداد العاصفة الهوجاء التي تجتاح العالم العربي اليوم في مشرقه ومغربه، وقد رُسمت خرائط جديدة لكيانات يبدو أنها لم تكتمل معالمها بعد. وكأن ما حلّ بالمنطقة العربية، خلال النصف الأول من القرن الماضي، من شرذمة فكرية وبعثرة اجتماعية نتيجة تقسيمات سايكس ـ بيكو واغتصاب فلسطين وما استتبع ذلك من شلٍ للإرادة الوطنية وفقدان للذاكرة القومية، لم يكن كافياً لإخماد الثورة المتأججة في صدر هذا الشعب

التوّاق إلى الحرية والكرامة الوطنية. وكان الانفجار المدوّي في حراكات احتجاجية شعبية أقل ما يقال فيها إنها شجاعة ومحقة وإن كانت في بعض جوانبها فاقدة للمرجعية الموثوقة التي توجه مسارها. أضف إلى ذلك محاولات الدول الغربية المتكررة للسيطرة على موارد المنطقة من خلال تدخلاتها المباشرة وغير المباشرة بتسهيل من رموز الطائفية والاقطاع المحليين الماسكين بأعناق الشعب في ظل جامعة للدول العربية تتلقى إملاءات من الخارج وتتآمر على شعوبها. وفي معاينة لواقع الحال، يمكن القول أن المؤامرة على الشعوب العربية مستمرة والنضال الشعبي من أجل استقلال حقيقي مستمرٌ هو الآخر، وجل ما علينا هو أن نعترف بهذه الحقيقة الناصعة علنا ننزل من عليائنا القاصر وكبريائنا الجاهل لنلامس أرض الواقع التي لا تعرف المواربة و"تدوير الزوايا" (كما يقول المحللون المتفائلون) ونرفض بالتالي ما أرادوه لنا باسم "الواقعية" التي لا تعني سوى الاستسلام لقوى الوصاية والاحتلال الغربي، هذا الاحتلال الذي يمعن يومياً في اغتصاب الحق القومي ولا يزال حتى الساعة، يزيد في ترسيخ أساليبه الاستعمارية على امتداد البلاد العربية..

وفي خضمِّ هذا المشهد المأساوي المعقد الذي يعيشه العالم العربي اليوم، يطل علينا فارس بدر، المغترب في كندا منذ خمس وعشرين سنة على الأقل، حاملاً هم الوطن

وآلامه رغم المسافات البعيدة التي تفصله عنه، متحرراً من قيود "الواقعية العربية" التي أسماها في كتابه "القدرية" وكأنه مقيم هناك على أرض الوطن يراقب المشهد بجميع تركيباته وتعقيداته. يقول في المقدمة: "كنت بعيداً في المسافة، حاضراً في الهم ـ مغترباً في الجغرافية، مقيماً في الأحداث التي تعصف بمجتمعنا القومي وعالمنا العربي".

لقد هاله المشهد البائس في انعزاله وتراجعه، وآلمه عزوف الانسان العربي عن مواكبة النهضة القومية الكفيلة بإحداث التغيير وإخراج "المتحدات الاجتماعية" العربية من احتقانها وإحباطها إلى فضاء من نور.. ويرُدُّ الكاتب ذلك إلى أسباب أربعة ساهمت في استسلام هذا الانسان إلى قدر غير منظور وارتهانه لـ "ثقافة الهزيمة"، وتتلخص بما يلي:

1 ـ الاعتقاد بـ "نظرية المؤامرة" التي تعلو على ما عداها من الاعتبارات والتسليم بنتائجها طالما تعفي المواطن من المسؤولية وتتحمل عنه مشقة التفكير والتحليل.

2 ـ "القدرية" التي هي الاستسلام للأمر الواقع بدافع التردد والخوف والقبول بالحلول المرسومة حتى ولو كانت على حساب الحقوق الانسانية.

3 ـ "الاستقالة من المواجهة" وتشكل هذه نوعاً من الهروب إلى الأمام والاعتراف بالهزيمة مسبقاً.

4 ـ "إلقاء اللوم على الآخر" أي تحميل الآخر مسؤولية ما يحدث من سلبيات داخل المجتمع، وغالباً ما ينطوي هذا على التجاذبات والاتهامات التي يتبادلها أفرقاء النزاعات الداخلية لأنهم يفتقرون إلى الحجة الدقيقة والقراءة الصحيحة للأحداث والمستجدات.

ونحن إذ نوافق الأستاذ بدر في توصيفه هذا، نؤكد على صحة ما ذكره من أسباب للانهزام العربي في مواجهة المؤامرة أو المؤامرات ونذكرُ، بعد اغتصاب الأرض الفلسطينية على أيدي الصهاينة عام 1948، كيف اجتاحت العالم العربي ثورة عارمة على العادات والتقاليد والثوابت الوطنية، بتوجيه من الصهيونية العالمية بهدف توجيه الأنظار عن الجرائم التي ارتكبتها، ولا تزال، بحق الشعب الفلسطيني، وإعطاء كل مظهر جديد تبريراً مضلِلاً باسم الحداثة أو التطور. وكأن التبشير بالحداثة، هو إنذار لنا للإقلاع عن التعلق بقيمنا وتراثنا وثوابتنا، وفي طليعتها التخلي عن حقنا القومي في مواجهة الانحلال الاجتماعي والانحراف الوطني الحاصلين، ليتمكن المحتل من مصادرة مواردنا الطبيعية والتحكم بقراراتنا المصيرية بعد إحكام السيطرة على الأرض الوطنية..

وأسوأ ما ظهر في تلك المرحلة، هو تخاذل المؤسسات الإقطاعية والطائفية وقبولها بالتقسيمات التي وضعها المستعمر بالإضافة إلى اعتراف المنظمة الدولية باستقلال

هذه الكيانات وتثبيتها نهائياً حيث وضعت فيما بينها، بالإضافة إلى الحدود الجغرافية، حدوداً إدارية تضمن عدم تدخل الواحد بالآخر، فقطعوا بذلك الطريق على المطالبين بالوحدة الاجتماعية والسيادة القومية. وهكذا تم لاحقاً، بسبب التقسيمات الادارية، تفسيخ القضية الوطنية الكبرى، فأمست المسألة الفلسطينية "قضية" الشعب الفلسطيني ومسألة الجنوب اللبناني "قضية" الشعب اللبناني ومسألة الجولان "قضية" الشعب السوري ومشكلة العراق "قضية" الشعب العراقي. ومن المؤسف أن عدداً كبيراً من المثقفين والمفكرين قد تخلوا عن خطهم النضالي في صياغة المشروع القومي وارتموا في أحضان التنين.. وبدلاً من أن يسمى سلوكهم هذا تخاذلاً أو انحرافاً، فقد تم التوافق على تسميته سلوك "الواقعية" الذي لا يعني شيئاً غير الاستسلام والخضوع للأمر الواقع. وقد راحوا إلى أبعد من التراجع والانحراف حين تركوا ساحة النضال ولجأوا إلى التنظير والتحليل واقتراح الحلول المستنبطة من قراءاتهم الخاطئة أو المنحرفة للمستجدات السياسية والأمنية، مما أفسح بالمجال إلى من يحل محلهم ويحتل الساحة لتسويق مشاريع الرجعية والانعزال. وبنتيجة ما حصل، يمكن القول أن المرحلة التي يجتازها العالم العربي اليوم هي من أخطر وأدق المراحل التاريخية، ذلك أن الساحة الوطنية باتت مفتوحة على كل الاحتمالات بسبب غياب المشروع القومي..

هذه الهواجس وغيرها كانت ولا تزال ترافق صديقنا فارس بدر في مشوار اغترابه. فهو المهاجر والمقيم في آن معاً كما عرّف بنفسه في مقدمة كتابه "بعيداً في المسافة، حاضراً في الهم"، ولكن دون أن يلغي ذلك تفاعله مع المجتمع الجديد حيث تواجه الجاليات العربية المقيمة في كندا، تحديات كبيرة لإثبات حضورها الكندي كسائر المجموعات الاثنية الأخرى. إن وجودنا في هذه البلاد يلقي علينا مسؤولية كبيرة ويحتم علينا نوعاً من التفاعل الحضاري: فلا التقوقع يجدي نفعاً ولا "الانفتاح" غير المحدود يحقق لنا طموحاً أو مصلحة. ومع هذا التفاعل نتخلص من مركبات النقص التي رافقتنا لقرون طويلة نتيجة الارهاب الذي زرع في نفوسنا، وكان بنتيجتها أن نهرب من كل مسؤولية وكأننا على استعداد في كل وقت لنلقي بها على الآخرين.

استوقفنا الوصف الذي أورده فارس عن حالة التردي والإحباط التي تكتنف الجالية العربية الكندية وحالات "ردات الفعل" التي تتحكم بالأداء العام في مختلف القطاعات الاجتماعية والسياسية والاعلامية وغيرها حيث يخلص إلى وجوب وضع خطة تتناول العمل الجاليوي من جوانبه المختلفة وتصمم لاستراتيجية ملائمة وفق برنامج واضح يحدد الأولويات ويقدم الآلة الصالحة للتنفيذ. ونحن إذ نوافقه الرأي، نؤكد على الدور الكندي لجالياتنا العربية في إطار القوانين الكندية المرعية لأنه لا ينفع في هذا أن

ندور حول الموضوع، في مجاملة ندّعيها عملا بـ "العادات والتقاليد" أو تنفيذاً لتعليمات أصحاب الشأن من هنا وهناك أو مراعاة لخواطر بعض الأوصياء والأولياء..

فارس بدر.. عرف كيف يقيم التوازن في بلد الاقامة دون أن يكون هذا انتقاصاً لوطن الجذور والهوية القومية. وهذه المعادلة جعلت من كتابه "المهاجر، المقيم" جسراً صلباً للتواصل وقاعدة نموذجية جادة في الالتزام والأداء..

➤

إلى شباب لبنان.. للتذكير فقط!

2012/5/24

خلال شهر شباط 2011، قام شباب علمانيون ينتمون إلى المجتمع المدني، بتظاهرة في شوارع العاصمة بيروت، ضمت بضعة آلاف من الشبان والصبايا حملوا شعارات التغيير الجذري وفي طليعتها "إسقاط النظام الطائفي في لبنان". ولم يكن القاسم المشترك بينهم الانتماء الطائفي أو الحزبي، وإنما الرغبة الجدية للنهوض بالوطن على أسس علمية جديدة، على حد تعبير أحدهم.. وقد ذكرتُ بتاريخه في افتتاحية "الجالية" أن هذه المحاولة هي بارقة أمل تبشر بولادة مشروع وطني جديد قد تنضج ثماره إذا ما تسنى له الرعاية الجدية والسعي المستمر. ولكن سرعان ما أصبنا بالصدمة، إذ واجهت المبادرة مواقف وآراء سخفت الفكرة والمجموعات التي طرحتها ووصفتها بالبعيدة عن أرض الواقع..

ويهمني هنا أن أذكّر شباب لبنان ببعض التعليقات التي سمعناها في ذلك التاريخ وبعده وأن أشير إلى بعض المحاولات التي تقوم بها بعض الجهات لقطع الطريق على المشروع العلماني الذي طرحه شباب لبنان:

1- جاء على لسان النائب وليد جنبلاط في حديث تلفزيوني لقناة "فرانس 24"، "أن استمرار النظام السياسي الراهن

بعقمه وفشله سيّولد الأزمات السياسية المتلاحقة بصورة متواصلة". كما شدد في سياق حديثه، على "ضرورة الانتقال الى واقع جديد يكون فيه الالتزام سبيلاً لقيام الدولة الجديدة وليس الاستزلام".

لقد نص اتفاق الطائف الذي يتمسك به الجميع، في أحد بنوده، على إلغاء الطائفية السياسية. ولكنه اعتمد آلية غير ممكنة التطبيق، تماماً كما جاء في وثيقة 1943 من قبل، الغاية منها ذرّ الرماد في عيون الشعب والاستخفاف بعقول المواطنين. فلماذا لا يطالب أهل النظام بتطبيقه كما فعلوا بالنسبة للبنود الأخرى..

2- بارك وزير الداخلية آنذاك زياد بارود هذه التظاهرات الهادفة، مؤكداً أنه لكان في صفوف آلاف المتظاهرين لو لم يكن عضواً في الحكومة الحالية. ولكن مثل هذه التصريحات أو التمنيات لا تشفي غليل الطامحين إلى التغيير، ولا هي الآلية القادرة على إنقاذ لبنان من براثن التبعية والفساد..

3- كتب كثيرون من المنظرين "المحترفين" في لبنان في محاولات لتسخيف هذا التحرك ورأوا فيه نوعاً من "فشة الخلق" من غير أن يدخلوا إلى أعماقه. ذلك أنهم يرددون ما كان يقوله آباؤهم أو أجدادهم من أن لبنان لا يحكم بغير التوافق بين طوائفه أو بين "زعمائه الطائفيين"..

4- قبل قيام المظاهرات بأيام قليلة، تقدم الشيخ بطرس حرب ـ الوزير في الحكومة آنذاك ـ بمشروع قانون

يقضي بمنع البيع العقاري بين المسلمين والمسيحيين في لبنان خوفاً من الخلل الديمغرافي والاصطفاف الطائفي (على حد تعبيره).. فبالإضافة إلى كون هذا الطرح مخالفاً للدستور ولأبسط القواعد الأخلاقية، فنحن نرى عكس ذلك: إن عرض الموضوع بهذا الاتجاه هو تكريس للاصطفاف الطائفي. ذلك أنه ستعمل كل طائفة بالتكافل والتضامن على رفضه ومواجهته. وبمعنى آخر سترص الصفوف داخل كل طائفة لتنفيذ خطتها وسيطلق عليها اسم كانتون بدلاً من اسم طائفة، الأمر الذي يتخوف منه الشيخ بطرس..

5- قيام "اللقاء الأرثوذكسي" بتقديم مشروع قانون للانتخابات المقبلة يحقق المناصفة في المقاعد النيابية بين المسلمين والمسيحيين، يلعب أيلي الفرزلي، نائب رئيس المجلس النيابي السابق، الدور الأول في تسويقه وقد أفضى، مارونياً، إلى تثبيت المبدأ الساعي لتحقيق المناصفة، الأمر الذي يوافق عليه فيما بعد معظم السياسيين.

هذا قليل من كثير يحاك في السر والعلن من أجل تكريس الطائفية البغيضة التي يتمسك بها أهل النظام، بدون خجل أو وجل. وكأن بهذا تحدياً شرساً لشباب لبنان وأطفاله واستخفافاً وقحاً بآمالهم وأحلامهم.

إننا نواجه إفلاساً فكرياً وإيديولوجياً فيما يأتي به معظم السياسيين في لبنان كما نواجه تقاعساً لا بل تراجعاً فيما

يتطلع إليه شباب لبنان العلماني. فنحن لا نريد بهذا شماتةً بأهل النظام ولا تحريضاً للشباب على التحرك باتجاه الشارع، وإنما قليلاً من التبصر واتخاذ الموقف المناسب من الانتخابات القادمة. وتبقى المقاطعة أفضلها لأن في ذلك ما يختصر الطريق إلى تحقيق مطالبهم..

الدكتور فارس ساسين

وفي هذا السياق يهمني أن ألفت إلى ما جاء في نص المبادرة المدنية التي أطلقها الصديق الدكتور فارس ساسين، أستاذ الفلسفة الحديثة في الجامعة اللبنانية، حيث قال في المقطع الختامي منها:
"أيّها المواطنون، إنكم، بموجب الدستور، مكلفون القيام بأعمال الدولة بصورة دائمة، ناخبين كنتم، مراقبين أو محاسبين. فالتكليف لا ينحصر بالقائمين بالأعمال، فهؤلاء إنما يقومون بأعمال الحكم والإدارة بصورة عابرة ولقاء

أجر معلوم، سواءً أكانوا نوابًا شرعيّين أم منتحلي صفة النيابة. المسؤولية في هذه الأوقات الخطيرة إنما هي مسؤولية المواطنين، وليس لمن هو في ساحة النجمة سوى مهمّة التصديق على انسحابه السريع بصورة منظمة، لا تشكل مخرجاً أو انتقالاً من ورطة إلى ورطة، بل مدخلاً إلى وطن سيّد حرّ مستقل، بالفعل."

وفي عودة إلى ما "يقترفه" أهل السياسة في لبنان، في طرح مشاريع قوانين عشوائية للانتخابات، نذكّر بأن هناك من يرغب في اقتراح مذكرة جلب بحق معظم السياسيين وتوقيفهم على ذمة التحقيق.. فهل يتم ذلك؟

➤

مكرم سعد.. العاشق للحقيقة..

2012/5/25

كمن دقتْ ساعتُهُ على غفلةٍ من العمر
لتنذرَ باقترابِ موعدِ الرحيل..
فراح يسرِّعُ في سيره الخطواتْ
ويُخرجُ من صدرِه الآهاتْ..
نفثاتٍ عابقة..
وخفقاتٍ خانقة..

عله إذا ما تسنّى له الإفصاحُ
بما عَلِمَ ولم يعملْ
طوالَ سنواتٍ..
هدأتْ فيه الروحُ
واستسلمتْ لربِّها مطمئِنّة
راضية مرضية..

مكرم سعد..
عرفتُهُ منذ عديدٍ من السنواتْ..
رجلاً محصناً بقيم ذلك الماضي الجميـلْ
مولعاً بما يُنتجُهُ صدقُ اللسانْ
وعاشقاً للحق لا البهتانْ..
فكأنه الشيخُ العالمُ
منذ الأزلْ..
وقد تشابهتْ في سنيِّ عمرِهِ
عقودُ الحياة
قولاً ونهجاً، نضجاً وإقداماً..

واثقُ الخطوةِ في سيرِهِ
لا يعرف إحجاماً..
بل مردداً:
ها أنا ذا يا دنيا، فإذا شئتِ فاذهبي!
فلا الترهيبُ أعاقَه

ولا الصمتُ الجبانْ..
سارَ على هدي رؤى المعلمِ
فاستقامتْ له العزةُ
في كبريائِها..
وشرَّعَتْ في صدرِهِ العزيمة
حقاً وأملاً بالارتقاءْ..
فعرفَ أنه القضاءُ والقدرُ
وليسَ غيرَه من خيارْ..

لم تأبه ذاتُهُ لخيبةٍ أو هزيمةْ
لأنه على موعدٍ مع الانتصارْ..
هكذا مشى دربَه إلى الإشراقْ.
هنيئاً لمنْ كان عارفاً..
فتكشّف له وجهُ المسارْ..

يا أبا مازن..
لقد أحنى ظهرَكَ العشقُ والهوى..
لما أدرت وجهك مترفعاً
لما يأتيه الجاهلُ..
إن عشقَ الحقيقةِ يا صديقي
لقاتلٌ..
أضناكَ الجهلُ والمكرُ والقصورْ
وما جرَّه غدرُ الزمانِ

والفجورْ
على أمةٍ "نامتْ نواطيرُها"
وأبيحتْ للغاصبين عناقيدُها..

وإذ أدرتَ الرأسَ غضباً
لتعلنَ التنحي مُرغَماً
فاهنأ بمنْ حولِك
من مؤمنين غاضبين..

➤

من أيزنهاور إلى فورد
"ترجمان البيت الأبيض".. لمدة 25 سنة

2012/8/14

كميل نوفل، أو "ترجمان البيت الأبيض" (كما يسمي نفسه)، رجل ظريف بطبعه، متواضع هادئ لا يدّعي دوراً سياسياً أو تفوقاً على الآخرين وهو الذي قدر له أن يرافق كبار اللاعبين السياسيين في العالم. لبناني صلب في نشأته وانتمائه وولائه، رغم سنوات الهجرة الطويلة

عن لبنان والتي تعود إلى أوائل الخمسينات من القرن الماضي حيث استهوته أميركا التي استقطبت الطامحين من كل بقاع الأرض.

تسنى لنا لقاء الأستاذ كميل نوفل في العاصمة الأميركية، حيث إقامته الدائمة، على عشاء دعانا إليه صديقنا المشترك الدكتور كلوفيس مقصود إلى جانب مجموعة من رفاقه وأصدقائه البارزين على الصعيدين العربي والأميركي. فتعارفنا وتحاورنا بمواضيع متعددة أهمها علاقته بالبيت الأبيض وعمله هناك، كمترجم للرئيس الأميركي في اجتماعاته بالملوك والرؤساء العرب، لمدة خمس وعشرين سنة، علنا نحظى ببعض أسرار هذا البيت الذي تصنع فيه القرارات الدولية المصيرية. ونذكر هنا، أنه من باب الصدفة، كان هؤلاء الأصدقاء قد احتفلوا قبل أيام، ببلوغ كميل نوفل سن التسعين في سهرة ودية مفاجئة قدم له خلالها السفير اللبناني الأستاذ أنطوان شديد، وسام الشرف، ممثلاً رئيس الجمهورية العماد ميشال سليمان.

وفي اليوم التالي قمنا بزيارة كميل نوفل في منزله حيث تزدان الجدران بصوره إلى جانب الملوك والرؤساء العرب خلال اجتماعاتهم بالرؤساء الأميركيين في البيت الأبيض، من دوايت أيزنهاور إلى جون كينيدي، وليندون جونسون وريتشارد نيكسون وجيرالد فورد، وصولاً إلى جيمي كارتر.

ويبدو كميل نوفل فخوراً بإنجازاته كلما ذكر شيئاً عن الدور الذي قام به في البيت الأبيض، فيقول: "تمكنت باجتهادي الشخصي ومثابرتي على عملي في "صوت أميركا"، من أن أطلب للعمل في وزارة الخارجية قبل أن يتلقفني البيت الأبيض في عداد الوظائف الحساسة التي منها الائتمان على الأسرار في نقل محادثات الرؤساء الأميركيين مع الرؤساء والملوك العرب".

من المعروف أن لكل رئيس رجاله وموظفيه ويتم تبديل الموظفين في كل مرة يتبدل فيها الرئيس. لكن هذه المعادلة هي التي تبدلت مع كميل نوفل حيث استطاع أن يشغل ذات المنصب لمدة خمس وعشرين سنة وقد تقلب على الإدارة خمسة رؤساء خلال فترة إقامته هناك، كما تبدلت طواقم مستشارين وإداريين ولم يتغير عليه شيء، بل بقي في منصبه ثابتاً من عهد إلى آخر. والجدير بالذكر أن الرؤساء الأميركيين كانوا يوصون بعضهم بعضاً، عند كل تسلم وتسليم، بإبقائه في منصبه لاعتبارات مبدئية وفي مقدمتها الثقة والأمانة وحفظ العهد.

لا شك وأن الثقة هي الأساس في هذا المجال. وهي لم تكن من جانب واحد، أي الجانب الأميركي وحسب. بل كانت تعززها شهادات الرؤساء والملوك العرب الذين كانوا يشعرون بالارتياح لوجود السيد نوفل في تعاملهم مع الرؤساء الأميركيين. فلم يكن في نقله المباشر لكلام

المتحاورين أي أثر للتمويه أو التحريف. ويقول نوفل: "كنت خلال الأحاديث الساخنة أنقل المواقف بفكري وقلبي محاولاً تليين حدتها حيث تمس أو تسيء، من غير أن أعرّض جوهر المحادثات أو تفاصيلها للتلاعب. ففي هذا المعنى، كانت مهمتي أشبه بالمعاناة الوجدانية إذ كنت أجهد للمحافظة على الأمانة الموضوعية التي يتطلبها العمل، فأسترسل في النواحي الإيجابية وأحول السلبيات إلى نوع من العتب المحبب".

في الواقع، كانت مسؤولية كميل نوفل مزدوجة، تجاه وطنه الأم والأسرة العربية التي ينتمي إليها من جهة، ومن جهة أخرى تجاه البلد الجديد الذي احتضنه ووفر له سبل حياة أفضل في ظل مناخات حرة تنسجم مع ما نشأ

عليه شخصياً من قيم ثقافية ومبادئ علمية ومثل خلقية. هذه المسؤولية، في حدّيها كعاطفة وقضية، جعلته أقرب إلى وسيط سلام خفي، في النزاعات القائمة بين العرب والإدارة الأميركية في ظل تنامي النفوذ اليهودي وتغلغله في المواقع الأميركية الحساسة. كان كمن يسير في حقل ألغام، لما لهذا النفوذ من ضغوط تتعدى السياسة إلى سائر القطاعات التي تتحكم بالحياة الأميركية، ولا سيما الإعلام وعالم المال والأعمال. ناهيك بالسينما وغيرها من وسائل التأثير في صانعي القرار وفي الرأي العام على حد سواء. وقد استطاع صديقنا خلال هذه التجربة الطويلة، المتعددة الوجوه والآفاق، أن يكتسب خبرة معمقة في الشؤون الأميركية ـ العربية تكمن أهميتها في أنها كانت المقدمات للنتائج التي وصلت إليها أوضاع الشرق الأوسط في أواخر القرن العشرين. ويؤكد بقوله: "أحمد الله على أنني، خلال مدة وجودي إلى جانب خمسة رؤساء، حاولت أن أقنع العقل الأميركي بالحوار بما يود أن يفهمه عن حقيقة التعاون العربي الصادق. كما خاطبت، من جهة أخرى، العقل العربي بما يتوق الصديق الأميركي إلى تفهمه لما يحقق الصداقة الأميركية ـ العربية، بعيداً عن تأثير التكتل اليهودي.."

وكمن يرغب في استثمار هذا اللقاء إلى أبعد حد ممكن، سألت السيد كميل نوفل عن الاستنتاجات التي خرج بها

من خلال تجربته الحية في البيت الأبيض. فيجيب قائلا: "الحقيقة أن الاستنتاجات الواقعية كما شاهدتها وعرفتها من موقع المراقبة في الدوائر العليا في واشنطن، تتمثل بجملة اقتناعات توصلت إليها، وتبقى في النهاية مجرد اعتقادات شخصية:

1- أفضل القادة العرب الملك فيصل بن عبد العزيز والعاهل المغربي محمد الخامس، لأنهما أخلصا إلى قضايا بلديهما بعيداً عن المصالح الضيقة والأنانية الفردية. وحاكمان عربيان واجها أميركا بشدة: الرئيس عبد الناصر والملك فيصل.

2- لدى أميركا اقتناع راسخ بضرورة الإبقاء على تفوق إسرائيل في منطقة الشرق الأوسط لاعتبارها امتداداً استراتيجياً للولايات المتحدة وفيها تكمن مصلحة أميركا القومية.

3- تمسك أميركا بإسرائيل ورعاية مصالحها لاعتبار العرب "تحصيل حاصل" نظراً لانشغالهم بالمهاترات والخصومات التي تلهيهم عن المصلحة المصيرية والتعاون المشترك في مجابهة التحديات والأخطار.

4- تمارس أميركا الديمقراطية على هواها، تتغنى بها أمام شعبها وشعوب العالم وتفصلها على قياس كل مصلحة سياسية على حدة.

5- العوامل المؤثرة في ممارسة السلطة في أميركا هي القضايا الداخلية، الاقتصادية والاجتماعية والصحية، في

حين تبقى السياسة الخارجية على هامش اهتمام الشعب، إلا إذا تعلق الأمر بالمؤسسة العسكرية واستخدامها للدفاع عن مصالح أميركا في الخارج. فعندئذ يقف الشعب الأميركي بجميع فئاته، وراء رئيسه لأن كرامة الأمة في الميزان.

كان نوفل يتكلم بصراحة مطلقة مما دفعني إلى طلب المزيد فسألته: كيف تقيّم الرؤساء الذين عملت إلى جانبهم خلال ربع قرن من الزمن؟ وهل برأيك كانت قراراتهم دائماً عادلة فيما يتعلق بالعالم العربي؟

ـ جواباً على الشق الأول من السؤال، إن خبرتي مع الرؤساء الخمسة الذين عرفتهم عن كثب تجعلني أعتبر أن أيزنهاور هو أكثر الرؤساء جرأة في اتخاذ القرارات التاريخية المحقة. كما أعتبر أن الرئيس كيندي هو ألمع الرؤساء ذكاءً وجاذبية. أما الرئيس جونسون فأكثرهم نشاطاً واحتكاكاً بالناس. فيما نيكسون أكثرهم اطلاعاً ودهاءً وبعد نظر. غير أن فورد هو أقلهم تمتعاً بهذه الصفات إذا ما استثنينا مناقبيته، مما يؤكد أن الأخلاق لا تكفي وحدها لتؤمّن وصول المرشح إلى الرئاسة الأميركية.

أما بالنسبة للشق الثاني من السؤال، ذكرت آنفاً بأنه عندما يتعلق الأمر بالقضايا الخارجية، فالرئيس هو الذي يتخذ القرار الذي يراه مناسباً. قد يكون مخطئاً أو مصيباً لا

فرق. إلا أن الشعب يقف وراء الرئيس، كذلك المعارضون السياسيون، خاصة عندما ترسل قوة عسكرية إلى الخارج لأن الجيش يمثل جميع أبناء الولايات المتحدة. وقد يستخدم الرئيس الأميركي القوة قبل أن تعطى الدبلوماسية الوقت الكافي لمعالجة الأمر. وقد تجلى هذا الأمر في حالات تدخلت فيها أميركا عسكرياً لمعالجة قضايا عالمية كان يمكن حلها بالطرق السلمية. ومثالها لجوء الرئيس بيل كلينتون إلى استخدام القوة في البلقان وجورج بوش في الحرب على العراق. وفي كلتا الحالتين يمكن القول أن الإدارة الأميركية لم تتقيد بقرارات مجلس الأمن وكان قرار الحرب خاطئاً وغير عادل وقد استخفت الإدارة بالجهود الدبلوماسية التي تبذل لإيجاد الحلول السلمية. ولكن هيهات أن نميز هذه الأيام بين مفهوم العدالة الدولية في المطلق، وفهم الولايات المتحدة له في ظل أحادية قرارها في العالم حيث يستأثر الرئيس الأميركي بفذلكة القرار وفق مصالحه الشخصية أو مصالح أميركا العليا في الخارج وخاصة عندما يتعلق الأمر بالعالم العربي، حيث تقضي المصلحة أولاً وآخراً بحماية إسرائيل ومنع التعدي على أمنها وحدودها..

ـ ولماذا برأيك هذا الانحياز الأميركي الأعمى لإسرائيل؟
ـ لا شك في أن "اللوبي" الإسرائيلي يشكل قوة ضغط هائلة، اقتصاديا وسياسياً، على صانعي السياسة الخارجية

الأميركية وخصوصاً فيما يتعلق بشؤون الشرق الاوسط. وقد رأيت، خلال محادثات قادة الدول العربية مع جونسون ونيكسون وفورد، كيف حاول كل من الرؤساء الثلاثة أن يناور التملص من الإقرار بعدالة الموقف العربي وشرعيته، تفادياً لنقمة اللوبي" الصهيوني.

ثمة من يعزو التأييد الأميركي التام والثابت لإسرائيل إلى اقتناع صانعي السياسة الأميركية بأن مصلحة الأمن القومي تستلزم ضمان سلامة إسرائيل وتعزيزها عسكرياً واقتصادياً وسياسياً حتى إحرازها الحصانة الأمنية المطلقة. وما ساعد على توطيد هذا الاقتناع أن القادة العرب، باستثناء العاهل المغربي محمد الخامس والعاهل السعودي الملك فيصل، استسلموا إلى مزاعم "الصداقة" الأميركية وارتاحوا إلى الكلام المعسول، فأقاموا الصفقات لحماية أنظمتهم على حساب المصالح القومية الكبرى.

المؤلف في زيارة السيد نوفل

فقد سمعت الملوك والرؤساء العرب مراراً وتكراراً ينبهون إلى أن الانحياز الأميركي إلى إسرائيل، لا بد أن يؤول إلى تضاؤل مصداقية واشنطن وصداقاتها في المنطقة، أو حتى زوالها. غير أن واشنطن استمرت في مناصرة إسرائيل غير آبهة للتنبيهات رغم خروقات إسرائيل للقوانين الدولية وتوريط عرابها الأميركي في مآزق حرجة. ومن سخريات القدر أن هذا الانحياز الفاضح لم يضعف العلاقات بين الولايات المتحدة والدول العربية، بل زادها متانة وثباتاً. ويمكن القول أنه لم يبق للعرب في المحافل السياسية الأميركية العليا، سوى حجم بدون وزن، وأن السياسة العربية أميركية الصنع وتعلب في واشنطن.

لا شك أنه قد يطول الكلام في هذا السياق وكان أن داهمنا الوقت لارتباطنا بموعد على العشاء. فسألت السيد نوفل: هل لنا بطرفة حدثت خلال توليك المهام في البيت الأبيض؟

ضحك للطلب وأجاب على الفور قائلاً: الواقع هناك العديد من الطرائف وإليكم إحداها: قام عاهل المغرب الملك الحسن الثاني في العام 1962 بزيارة للولايات المتحدة على رأس وفد رسمي، الغاية منها إجراء مباحثات مع الإدارة الأميركية بشأن التعاون الاقتصادي بين البلدين. وكان أن دعاه الرئيس جون كيندي إلى العشاء ذات ليلة وكنت حاضراً بالطبع لأقوم بمهام الترجمة الفورية. وبعد

العشاء تكلم الرئيس كيندي مرحباً بالملك وصحبه معرجاً على العلاقة التاريخية بين البلدين ومنها أن المغرب كان أول دولة اعترفت باستقلال أميركا. استغرقت كلمة كيندي حوالي العشر دقائق. وانتظرتُ كالعادة إلى فراغ الرئيس من كلمته حتى أعمل على ترجمتها. ويبدو أن تلاوة الترجمة استغرقت وقتاً أطول من الكلمة الأصل. فكان ينظر إليّ كيندي مبتسماً ومحاولاً الاستفسار بشفتيه وعينيه، لكنني لم أفهم قصده، بل تابعت الكلام حتى النهاية حيث فوجئت بتصفيق الوفد العربي طويلاً مما أثار دهشة الجميع، ثم جلست. فنظر إلي الرئيس كيندي وقال: "ما كنت أعتقد أن كلمتي كانت بهذه الأهمية وبهذا الإسهاب.. هل أنت متأكد من مضمون الترجمة؟

➤

العادات والتقاليد الشعبية في كتاب قيّم
تأليف: د. حسن أمين البعيني

الدكتور حسن أمين البعيني

2012/9/9

العادات والتقاليد الشعبية أو الاجتماعية، ليست مادة منفصلة عن تاريخ الشعب أو المجتمع، بل ملازمة له في قيمه وآدابه وفنونه ومختلف نواحي الحياة. وتبرز بالتالي بأوضح صورها، في كل ما يأتيه شعب معين في أنماط سلوكه الاجتماعي، لتصبح الخصوصية التي تميزه عن غيره من المجتمعات.

د. حسن أمين البعيني، الباحث والمؤرخ الذي كانت له بصمات نافرة في البحث والتنقيب عن التراث اللبناني وما يتصل به في محيطه المشرقي العربي، كان شغوفاً بكشف النقاب عن تاريخ الدروز السياسي في عهد الانتدابين الفرنسي والبريطاني ولا سيما أنه ليس من مرجع تناول الطائفة الدرزية دراسة كاملة من هذا النوع (على حد تعبيره)، ولأن الأبحاث والدراسات عن فترة الانتداب تكتسب أهمية كبيرة لما تخدم فهم ومعالجة الحاضر.

وانطلاقاً من هذه المعادلة، تسنى للدكتور حسن البعيني الاطلاع على العادات والتقاليد اللبنانية، ليس من الواقع اللبناني وحسب، بل أيضاً من واقع البلاد المتاخمة للبنان والتي لا تختلف عنه بكثير في عاداتها وتقاليدها وقد تراءت له من خلال دراسته العامة لتاريخ المنطقة السياسي، فاستنبطها وكشف عنها في أكثر من مؤلف لتكون في متناول كل راغب.

نذكر هنا بالإشارة إلى واقع المشرق العربي الذي كان محط أنظار المستعمر منذ الحرب العالمية الأولى، كيف تمكنت بريطانيا من طرد العثمانيين من الأرض العربية بمساعدة حركة التحرر العربية التي ضمت الثائرين من العراق ولبنان وبلاد الشام ومن ثم انقلبت عليهم باستخدام الحيلة والتنكيل بوعودها. وقد تجلت المؤامرة يوم عملت فرنسا وبريطانيا، بمباركة روسية، على تنفيذ اتفاقية سايكس ـ بيكو المتعلقة بتقسيم الأرض وتوزيعها إلى

مناطق نفوذ حيث تمكنت من انتزاع الحقوق الوطنية من أيدي أصحابها وعملت على إزكاء الأحقاد والنعرات الطائفية والمذهبية حتى نجحت في إقامة الشرخ بين فئات الشعب الواحد.. وهكذا، بنتيجة فقدان النهضة الواعية والسيادة القومية، نجح الأتراك في الاستيلاء على كيليكيا الواقعة في الجزء الشمالي من سورية وتضم ألوية الإسكندرون وأنطاكية وأضنه ومرسين بتسوية حبية مع الفرنسيين (أو بالتواطؤ معهم)، تماماً كما نجح اليهود في الاستيلاء على فلسطين، الواقعة في الجزء الجنوبي، بالتواطؤ مع البريطانيين تنفيذاً لوعد بلفور.

هذا الجو المضطرب الذي شكل العنصر الرئيسي لجرّ الويلات على شعوب المنطقة، أثار حفيظة المفكرين والمؤرخين والدارسين الاجتماعيين للوقوف على الأسباب التي أدت إلى حالة التراخي الفكري هذه وجعلت فيها الانسان أسير العصبيات الدينية والقبلية في الوقت الذي كانت تبشر حركة التحرر والاستقلال، التي قامت في مطلع القرن العشرين، بولادة نزعة نهضوية واعدة..

د. حسن أمين البعيني، الذي هاله المشهد العربي المتراجع، كان أحد هؤلاء الباحثين الذين انكبوا على دراسة شاملة لتاريخ المنطقة. وهو لم يكتفِ بما سمع أو قرأ من مؤلفات الدارسين الذين سبقوه، بل قام بجولات ميدانية مباشرة واستطاع، بما شاهده وجمعه من معلومات، أن يتطرق إلى جوانب عديدة لم يتناولها غيره،

وقد ساعده في ذلك كونه مدرساً لمادة التاريخ لأكثر من 45 سنة. ومن مؤلفاته التاريخية، جبل العرب ـ سلطان باشا الأطرش ـ دروز سورية ولبنان في عهد الانتداب الفرنسي ـ سلطان باشا الأطرش والثورة السورية الكبرى ـ بيروت وصيدا وجبل لبنان الجنوبي في العصور القديمة والوسطى. أما مؤلفاته في العادات والتقاليد فهي: مختار مزرعة الشوف ـ عادات الزواج وتقاليده في لبنان ـ العادات والتقاليد في لبنان في الأفراح والأعياد والأحزان ـ فصول من العادات والتقاليد. وتعتبر بمجموعها دراسة واسعة عن معظم العادات والتقاليد في لبنان.

ففي لقاء ضمّني بالدكتور حسن البعيني في مدينة تورنتو خلال الأسبوع الماضي، اغتنمت الفرصة لطرح ومناقشة بعض الإشكالات القائمة في المهجر حول العادات والتقاليد المعمول بها في الوطن، خاصة أن د. حسن هو المرجع الصالح الأول في موضوع العادات والتقاليد العربية عامة واللبنانية خاصة. وكان السؤال التالي:

ـ تواجه العائلات العربية في المغتربات مشكلة أساسية في تعاطيها مع العادات والتقاليد. فالبعض يرغب في التمسك بها لاعتبارها قيم الآباء والأجداد، والبعض الآخر يرى العكس، أي أنه يجب التخلي عنها مراعاة للمستجدات التي نواجه في المجتمع الجديد. فأين تقف أنت في مواجهة هذه المشكلة؟

كان يصغي لسؤالي بهدوئه المعروف وتركيزه النادر وكأنه يقرأ ما كنت أخفيه وراء السؤال قبل أن يجيب ليقول: "مما لا شك فيه أن الآداب والقيم الأخلاقية قد شكلت، فيما مضى، الضوابط لسلوك الفرد والجماعة في غياب السلطات والأنظمة والقوانين، وكان مصدر هذه القيم التوجيه الديني والبيتي والمجتمعي. ويمكن القول أن مجتمع الأجداد كان غنياً بالآداب التي شكلت بحد ذاتها العادات والتقاليد، أو الآلية الصالحة، المنظِمة للعلاقات العامة في حياة الفرد والجماعة على حد سواء. ولا يعني هذا أنه كان مثالياً أو خالياً من الأعمال الناقصة أو المكروهة أحياناً.. وإنما يعني أنه كان متصفاً بقدر كبير من الصفات الحسنة، عاملاً بالعادات والتقاليد الأصيلة. لقد كان مجتمعاً غنياً بالمثل العليا والقيم والفضائل. وقد ساعدته العادات والتقاليد على إرساء قواعد المحبة والألفة والتعاون والسلام، وحسن الجوار، وتوفير الطمأنينة والسعادة. وقد برزت في اللباس المحتشم كما في الأقوال اللطيفة والأفعال الحسنة، فكان منها صنع المعروف على مختلف وجوهه والتسامح المتبادل والعون والكرم وحسن الضيافة وكثير غيرها".

وما أن فرغ من شرح وجهة نظره، وهو بالطبع ليس الجواب على سؤالي، حتى بادرته بالقول: ألا تعتقد بأن على العادات والتقاليد أن تخضع، كما الأفكار

والإيديولوجيات، إلى عامل التعديل أو التغيير عملاً بسنة التقدم والتطور..

قال: "لا شك أن العادات والتقاليد تتعرض دائماً لسنة التطور الذي يعمل فيها إلغاءً أو تعديلاً، زيادة أو نقصاناً، لأن دوام الحال من المحال. وكما قال غوته: "تذبل النظرية لكن شجرة الحياة تخضرّ دائماً". من الطبيعي إذن أن يحصل التحول في عادات اللبنانيين بسبب التحول في مفاهيمهم وتغيّر ظروفهم وتحسن أوضاعهم المعيشية وازدياد وعيهم وثقافتهم، وحصول مستجدات تفرض أنماطاً جديدة من السلوك والتعاطي. وبناء عليه فإن بعض ما صلح للآباء لم يصلح للأبناء والأحفاد فرفضوه. فهناك حداثة دائمة متواصلة في العادات كما في سواها من النواحي الاجتماعية، والادبية والفنية والسياسية.

لقد طورت الحداثة عادات اللبنانيين وعدّلت في أشكالها وجاءت بما يلبي حاجاتهم ويوفر وقتهم ويسهّل تنقلاتهم واتصالاتهم. كما جعلتهم ينعمون بالقسم الأكبر من الحقوق والحريات التي حققت ذاتهم وإنسانيتهم. ولكنها حملت إليهم في الوقت ذاته عاداتٍ لا تمت إلى واقعهم بصلة وميولاً غريبة ومستهجنة، كما حملت إليهم نزعة إلى الفوضى والاستخفاف بالضوابط والآداب والقيم الاجتماعية. خلاصة القول أن ما حملته الحداثة قد يكون نافعاً إذا أحسن استعماله، ومضراً إذا أسيء استعماله.

فاللبنانيون هم بحاجة إلى الحداثة في عادات تتناسب مع روح العصر ولا تتعارض مع التراث والمفاهيم والقيم. فالحداثة هي في تطوير العادات والتقاليد وليس بإلغائها.."
ويخلص الدكتور حسن البعيني بالقول: " إن الانبهار بوهج الحداثة والشغف باقتباس كل شيء جديد، بما في ذلك العادات السيئة، خطأ فادح. فإذا كان لا بد من التأثر بالآخرين والأخذ عنهم، علينا بأخذ الجيد والملائم والمفيد والمتفق مع المصلحة الوطنية. ويبقى أصدق تعبير في هذا المجال، قول غاندي: "أريد أن تهب عليّ رياح العالم دون أن تقتلعني من مكاني". وهذا يعني بالنسبة إلينا كلبنانيين أن نتقبل حداثات العالم دون أن نلغي الجميل في عاداتنا وتقاليدنا التي هي أفضل مميزاتنا وخصائصنا.."

٥

خلال لقاء الدكتور حسن البعيني في تورنتو

سامي مكارم.. المسافر إلى روح التوحيد..

نورد هذه الكلمات المتواضعة في ذكرى الأربعين على رحيل المفكر والفيلسوف الدكتور سامي مكارم، المنتقل إلى رحمته تعالى بتاريخ 21 آب 2012.

***

الأول من تشرين الأول 2012

عرفته عالماً، وعرفته معلماً، ولم يجزمْ يوماً بما كان يعلمُ.. وكأن في كشفه لأسرار الكون القدسية طوال سنيِّ حياته المعرفية ورحلاته التنزيهية، ما يسقط "الأنا" الشخصانية في هاوية الباطل ومستنقعات العدم، فتطمئن الروح وتحدّث بما تأتيه.. بنعمة ربها.

عزَمَ العلامة الدكتور سامي مكارم على الرحيل بدون سابق إنذار. هو سامي مكارم "فيلسوف المتصوّفين الموحدين أو متصوف الموحدين الفلاسفة" كما عرّف به الباحث والمؤرخ الدكتور صالح زهر الدين، أستاذ التاريخ في الجامعة اللبنانية..

أهل رحل من "تسامت" روحه بالـ "مكارم" ـ وهو المتصالح مع "اسمه والكنية" ـ لأنه ضاق ذرعاً بما آلت إليه النفوس التائهة في بحر الظلام، وبما تأتيه في فجورها من عصيّة ونكران..

أهل اختار صديقنا الهروبَ من متاع الجسد ومقتنياته الدنيوية حيث الانصرافُ عن نور الهداية وجمال الأزلية، والانبهارُ بمفاتن الحضارة الوهمية التي لا تُشبع ولا تُروي..

أهل اختارت روحه سبيلاً باتجاه العقل الأرفع في رحلة واثقة، زادُها الإيمان والاطمئنان، للبحث عن ملاذ المنتهى بجوار رب الابداع والتكوين.. علها بما أوتيت من تهذيب عقلاني وسلوك عرفاني، أدركت الروح التوحيدية في أبديتها وخلودها..

وحدهم الموحدون البالغون سرَّ العرفان والتوحيد، من أي مذهب أو دين، يؤتوْن الحكمة، "ومن يؤتى الحكمة فقد أوتيَ خيراً كثيراً". لهم في السماوات كما في الأرض إن هم علِموا وعمَلوا.. فهؤلاء قد أدركوا أن حدائق التوحيد ليست لقاصدها منالاً سهلاً، وإن كانت تتسع أبوابُها

للعالِمين والعامِلين بشوق إلى ثمارها العذبة التي تقطر حباً وصفاءً..

هنيئاً لمن عرَفَ وعرَّفَ، ولمن شاهدَ واستأنسَ، ولمن علِمَ وعمَلَ، ولمن تبلّغَ وبلّغَ، ولمن تأمَّلَ واعتبرَ.. هنيئاً لمن تذوق جمال الله المتجلي في كل نسمة من نسائم الحياة، وفي كل قطرة من مياه الأنهر والبحار، وفي كل ضياء مهما صغرَ، وفي كل جرم مهما كبُرَ، وفي كل ما اكتنفه من أجسامٍ، سرُّ الوجود..

فالوجود بمن فيه وما فيه، ليس سوى مظهرٍ واحدٍ متكاملٍ للواحد الأحد وإن تعددت أشكاله وألوانه. وبتعبير آخر، كما علمنا إياه الراحل الكريم: "الوجود هو بدوٌ من الله" أي ما بدا منه أو ما ظهرَ عنه.. فهو يتعدى المنظور فيما يشرح إلى ما وراء المنظور مؤكداً، بما أوتي من اتساع في المعرفة ونفاذ في الرؤية، أن اقتران هذه الحقيقة بمعتقد التوحيد من حيث هو مسلك عرفاني نحو المرتجى الأسمى في أزليته، هو ما يؤدي إلى "التحقق في الواحد الأحد"..

سيفتقدك كثيرون أيها العلامة الجليلُ المسافرُ، ولكن.. لن يعترضَ على مشيئته تعالى أحدٌ.. فانعِم حيث أنت بدفء الله وعناية روح التوحيد..

➢

الوسام الماسي الملكي على صدر وليد الأعور..

2012/10/10

التقى يوم السبت الماضي جمع من نشطاء الجالية العربية الكندية في البيت الدرزي، لحضور حفلة تقليد الأخ والصديق وليد الأعور، الرئيس الفخري للجمعية الدرزية الكندية في أونتاريو، وسام اليوبيل الماسي الملكي الذي استحدث مؤخراً ليحل محل الوسام الذهبي، لمناسبة بلوغ الملكة إليزابيت السنة الستين على اعتلائها عرش بريطانيا. ويعتبر هذا الوسام الأكثر أهمية في كندا لكونه

صادراً عن المملكة الراعية للدولة الكندية. قدمه إليه النائب الفدرالي السيد جيم كاريجيانيس بالنيابة عن الحاكم العام السيد ديفيد جونستون، وسط جو عارم بالفرح والصدق والمحبة.

لم تكن الجمعية الدرزية غاية بحد ذاتها أو دافعاً للأخ وليد لتوظيف جهوده وتفانيه في العمل الاجتماعي. بل كان يتطلع، إلى جانب مجموعة من الشباب تعمل بجدية نادرة، إلى بناء بيت يحقق من خلاله حلماً طالما راود الجالية العربية في تورنتو، بحيث يجمع تحت سقفه ما أمكن من أبناء الجالية العربية من أية جهة جاءوا ولأية طائفة انتموا، للاستفادة من طاقاتهم وخبراتهم وتوظيفها في خدمة الناشئة العربية التي تكبر في الغربة بدون مرجعية حاضنة تحدد مسارها وترسم لها معالم المستقبل، هذه الناشئة التي ستحتل عاجلاً أم آجلاً واجهة الجالية العربية في كندا.

وأورد فيما يلي ما كتبته بتاريخ 1997/11/24 بعد افتتاح البيت الدرزي إذ قلت: إن هاجس كل انسان في الحياة هو السعي المستمر لتحقيق أحلامه، غير أنه يكتشف بعد بلوغه ما كان يسعى إليه، أن المطلب لم يكن صعب المنال وإنما كانت تلزمه الخطوة المحكمة.. فكما أن وثبة قاضية تفصل بين الانكسار والانتصار ودرجة واحدة تقف بين الفشل والنجاح، هكذا هو الحال بين

صغائر الأمور وعظائمها. فالفرق يكمن في حركة بسيطة واحدة أو اعتلاء درجة واحدة ليكتسب العمل صفة العظمة او التفوّق.. ومثل هذه الخطوة لا تحدث بالصدفة، بل في القول الفصل الذي هو أمضى من القوة وفعل العجائب.. وتتجلى بالإرادة والقرار..

وكان القرار الحاسم يتصدّر البيان الأول للهيئة الإدارية عند توليها المهام حيث قال رئيسها السيد وليد الأعور: "لن نترك الأمور على غاربها وسيكون للدروز والعرب بيت في تورنتو قبل انقضاء مدة ولايتنا بإذن الله".

وتحقق الحلم بفضل القرار الحاسم.. قرار التخلي عن الفشل والارتقاء إلى النجاح.. قرار الخروج من البلبلة ومواكبة النظام.. وقد قامت بوجه "الوليد" عراقيل كثيرة في مختلف المراحل، غير أنه واجهها بما أوتي من صبر وشجاعة وإقدام ما اضطره بالتالي إلى صرف الوقت والمال الخاص (أحياناً)، على حساب بيته وعمله غير آبه بنتائج الأمور، همّه أن يتحقق الحلم في بناء البيت الذي أدرجه في أعلى أولويات جدول الأعمال. وإذ أنوّه بالدور الرائد الذي اضطلع به، فإنني أنقل وقائع ثابتة لا مبالغة فيها وإن كان سيعتبر البعض أن شهادتي بالأخ وليد، شهادة مجروحة لما أكنّ له من مودّة وتقدير.

بوركت يداه وجميع الأيدي التي امتدت لتصافحه وتواكب مسيرته.. فقد تحقق الحلم وسقطت كل الرهانات..

اليوم وبعد خمسة عشر عاماً على قيام البيت الدرزي، وبعد نجاحات متعددة في ميادين اجتماعية مختلفة ترك فيها وليد الأعور بصمات وعلامات فارقة، يبدو أنه حان الوقت ليكافأ من أعلى مرجع رسمي في كندا على جهوده المكثفة وتفانيه المخلص الذي يرمي إلى اتجاهين اثنين داخل المجتمع الكندي: الأول تعميق التفاعل الثقافي العربي الكندي في إطار المجتمع الكندي المتعدد الثقافات، والثاني شد أواصر المحبة والتعاون المخلص بين أبناء الجالية العربية التي يرى فيها وليد عائلته الكبرى.

وليد الأعور يتوسط عائلته وإلى يمينه النائب جيم كاريجيانيس

إن منح الصديق وليد الأعور الوسام الكندي الأكبر هذا، هو وسام يعلق على صدورنا جميعاً.. فهنيئاً لنا وهنيئاً له..

على هامش الربيع العربي
مع د. كلوفيس مقصود

2012/10/21

كلوفيس مقصود، الذي يحب قضاء بعض الوقت في تورنتو بين الحين والآخر، هو بيننا اليوم في زيارة قد تطول لبضعة أيام. والحقيقة أنه كلما جاء إلى تورنتو، يزيدنا معرفة واطلاعاً بما خبره من وقائع الأيام وأحداثها خاصة فيما يتعلق بالصراع العربي الإسرائيلي الذي يزداد تأزماً وتشنجاً يوماً بعد يوم، وهو يعتبره المحور الأساسي لكل عمل نهضوي عربي، ومن دونه لا أمل يرتجى. حتى الربيع العربي الذي يحمل في طياته الأمل بالتغيير، لا يمكنه أن يشد عقال الوحدة المنشودة بين سائر الشعوب العربية أو أن يؤسس لإنجاز تاريخي منتظر، وإن استطاع أن يجعل بعض الأحلام أقرب إلى الإنجازات..

يقول د. مقصود: إن جامعة الدول العربية تواجه تحديات غير مسبوقة في هذه المرحلة الصعبة والمعقدة التي تمر بها الأمة العربية حيث تستوجب إعادة النظر وبشكل جذري بدورها وميثاقها وأجهزتها وبالأهداف المنوطة بها. فالشعوب العربية اليوم تتميز بأن جماهيرها قد تحررت من الخوف وتجرأت على المطالبة الملحة بحقوقها الوطنية والقومية، ولم يعد وارداً التزاوج بين التصميم على النهوض والرضوخ لواقع مزور. وأصبح

الاختراق بالنسبة إليها هو الواقع الجديد. إلا أن تجارب الأشهر الماضية، من حراكات وانتفاضات تونس ومصر، إلى الحراكات الجماهيرية المتواصلة في العديد من الأقطار العربية، أكدت حقيقة كانت إلى حد كبير مغيّبة وأصبحت اليوم حاضرة وراسخة في الوعي ما يوجب تجاوز شعارات "الشعب يريد إسقاط النظام" إلى تحمل مسؤولية طرح البدائل وتعريفها، وبالتالي الوسائل التي من شأنها توفير الأطر لضبط مسارات الانجاز، وامتلاك بوصلة مستنيرة قادرة على استيعاب التباينات القائمة داخل المخاض الثوري الحاصل ـ وفي مجالات كثيرة التناقضات أيضا ـ ومن ثم تحديد الأولويات المباشرة لإنجاز الأهداف المشتركة."

ويضيف د. مقصود: "هذا الغليان الثوري يحتاج إلى إطار ينظمه ومرجعية موثوقة توجهه وتدير مساره".
والأكثر من ذلك فإنه يعتبر أن أي تغيير باتجاه الوحدة العربية وإقامة النظام العربي البديل، لا يمكنه أن يتحقق في ظل الاحتلال الإسرائيلي الصهيوني، ذلك أن مشروع إسقاط الأنظمة العربية القائمة والسير باتجاه وحدة عربية قومية ديمقراطية، هو المشروع النقيض للمشروع الصهيوني المتمادي على الأرض العربية في فلسطين. وهذا يعني وجوب استرجاع مناعة المقاومة وثقافتها بما تعنيه من أساليب سياسية ودبلوماسية وفي طليعتها خيار مقاطعة إسرائيل.

ولدى ذكر "مقاطعة إسرائيل"، (يهمني إشراك القراء الكرام بوقائع هذه القصة التي فيها الكثير من الطرافة والحنكة والذكاء الفطري) إذ يسجل الدكتور كلوفيس هنا موقفاً تاريخياً في مقابلة أجريت معه على شبكة تلفزيون إن بي سي الأميركية في العام 1974 لدى زيارته لتفسير قرار الجامعة العربية بالحظر النفطي على الولايات المتحدة، حيث بادرت مقدمة البرنامج باربره والترز بالسؤال الأول قائلة: "ألا تشعر بشيء من الإحراج أنك رأيت السائقين الأميركيين، في طريقك إلى هنا، ينتظرون في الطابور لساعتين أو أكثر على محطات البنزين بسبب الحظر النفطي الذي جئت للدفاع عنه؟".

يقول د. مقصود: "الحقيقة.. إنني لم أكن على استعداد للتعامل مع سؤال من هذا النوع. هل أغادر احتجاجاً أو أجاوب بعنف، وأنا لا أزال في اليوم الأول لمهمة ستطول لأربعة أشهر؟ وقبل أن يبدو الإحراج على وجهي بالفعل، بادرت بالجواب التالي: "سيدة والترز، أريد أن أغتنم الفرصة اليوم، ومن خلال التلفزيون الأميركي، لأعتذر من السائقين الأميركيين على الازعاج الذي سببه لهم الحظر النفطي". فتنفست الصعداء وارتسمت على وجهها ابتسامة تدل على الانتصار، فيما تابعت قائلاً: ".. على أمل أن يأتي يوم يعتذر فيه السائقون الأميركيون بالمقابل من اللاجئين الفلسطينيين لوقوف هؤلاء في "طوابير

الخبز" لأكثر من ربع قرن.." وكان هذا الجواب حدثاً عربياً وأميركياً في دلالة على مدى نجاح تسويق خيار المقاطعة..

لا يخفى ما للدكتور مقصود من صولات وجولات لإعلان الحق العربي والدفاع عنه في المحافل الدولية والإعلامية خاصة وهو صاحب الكلمة الجريئة المبررة بالوقائع والبراهين الحسية. وكانت زيارته إلى كندا هذه المرة، بدعوة من جامعة واترلو ومحطة تلفزيون CBC في لشرح الموقف العربي عامة والفلسطيني خاصة على أثر قيام ما سمي بالربيع العربي. وكان لنا، د. بشير أبو الحسن وأنا، شرف مرافقته في هذه الجولة.

د. كلوفيس مقصود في لقاء إعلامي مع محطة CBC - تورنتو

في ذكرى استشهاده السادسة والثلاثين
الرجل الذي يشتاقه لبنان في الأزمات

17 آذار 2013

ليس من السهل أن تتكلم أو تكتب في ذكرى استشهاد شخصية كبيرة متعددة الجوانب مثل شخصية كمال جنبلاط، وإن كان الدافع للكتابة في أغلب الأحيان تأثراً وحماساً لما يمثله في فكره وعلمه وحكمته، من قوة تتعدى الحاضر اليائس إلى مستقبل واعدٍ يطفح بالأمان والآمال. وقد يظن الكاتب أنه سيعبر تجربة إخراج وتدوين ما يجول في داخله من خواطر متزاحمة، بثقة بالنفس وقدرة على التعبير، حتى يدرك الصعوبة ويبلغ الحيرة عندما يجلس للكتابة إذ من الطبيعي أن يتعثر اللسان والقلم وأنت تتحدث عن شخصيةٍ عاليةٍ في المقام وأكبرَ بكثير من الكلمات..

من الواضح أنه، من خلال سلوكه داخل بيئته الاجتماعية، لم يرسم كمال جنبلاط لنفسه الشخصية السياسية التقليدية، كما أنه لم تغرّه مظاهر السطوة والعظمة والقيادة وقد كانت متوفرة له جميعها على طبق من فضة. حتى أنه لم يخطر بباله أن يعمل في السياسة، ليس من باب الرفض المطلق ربما، ولكن من باب عدم الرغبة في أن يكون شريكاً في نظام غير إنساني لا يضمن العدالة للناس والمساواة فيما بينهم، خاصة بعد أن تفتحت شهيته على الفلسفات الانسانية والروحية التي كان يطالعها بشكل يومي وتعنى جميعها بالمعتقدات الدينية والفكرية على اختلافها كما تعنى بالحريات وحقوق الانسان، ومنها التيارات الفكرية التي تعرّف عليها في فرنسا من خلال تيير ده شاردان (De Chardin) وهنري برغسون (Bergson) وغيرهما.. ويبدو أنه لم يحسم أمره إلا في مطلع الأربعينات، مع تسارع الأحداث والتطورات خلال الحرب العالمية الثانية الدائرة آنذاك، حيث وجد نفسه مضطراً إلى الرضوخ لضغوط العائلة الجنبلاطية، وكان لا بد له من دخول المعترك السياسي لملء الفراغ بعد أن ظلت كرسي الزعامة التقليدية شاغرة لفترة طويلة من الزمن. غير أن كمال جنبلاط الذي كانت قد تبلورت مفاهيمه وتمحورت حول النظريات الانسانية، لم يكن ليسلك طريق السياسة اللبنانية التقليدية ـ كما فعل غيره من السياسيين ـ والتي تقوم على الاستعلاء واستغلال النفوذ أو

ارتهان المواطن واستعباده من أجل تحقيق المصالح الشخصية، بل راح يفتش عما يساعد على تحقيق حرية هذا المواطن وحماية حقوقه المشروعة بما أوتي من فكر ومعرفة ونفوذ.. مما جعله يسخّر السياسة من أجل الفكر بدلاً من أن يسخّر الفكر من أجل السياسة. ويقول فيه ميخائيل نعيمة في هذا المجال: "كمال جنبلاط.. هو السياسي بين الفلاسفة والفيلسوف بين السياسيين."

كانت أبرز الأحداث التي شغلت كمال جنبلاط في تلك المرحلة ـ فترة ما بعد الحرب العالمية الثانية ـ استقلال لبنان والميثاق الوطني (الطائفي) عام 1943، جلاء القوات الأجنبية عام 1944، إنشاء هيئة الأمم المتحدة عام 1945، قيام جامعة الدول العربية عام 1946 والمسألة الفلسطينية عام 1948. وفي هذه المرحلة كان جنبلاط قد استوعب الدور الذي ينتظره، فصمم على المضي قدماً في صراع على جبهتين: الأولى في محاربة الاستعمار الغربي الذي يسعى بقوته المادية وتطوره التكنولوجي إلى ارتهان الانسان والانقضاض على الحقوق الوطنية من أرض ومياه ونفط. والثانية في تحرير المواطن من عقدة الخوف وتلقينه الفكر المتطور الذي يتلاءم مع حقه في حياة عزيزة لا ارتهان فيها ولا تبعية. وقد حقق ذلك عبر طرحه للأفكار والنظريات التي تشرح الحقوق الانسانية والعلاقة العضوية التي لا تنفصل بين

الروح والمادة في الذات البشرية. ومن الواضح أن أفكاره المعبّرة، في "الديمقراطية الجديدة" و"ثورة في عالم الانسان" و"نحو اشتراكية أكثر إنسانية" وغيرها من المؤلفات، كانت تصب جميعها في خدمة الانسان "الذي أخذ يبتعد عن مصدره وحقيقته" كما يقول.. وكان تأسيس الحزب التقدمي الاشتراكي في العام 1949 أبرز المحطات التي كرست زعامته، ليس كزعيم عائلي أو طائفي أو إقطاعي في إطاره الضيق، وإنما كزعيم إنساني يسعى إلى خير وسعادة الانسان داخل حدود الوطن وفيما يتعدى الحدود. وكأني بـ "المعلم" يؤسس مدرسة لا حزباً، لبناء وطن جديد شعاره "وطنٌ حرٌ وشعبٌ سعيد".

كان كمال جنبلاط يعيش حياة أقرب إلى الروحية المتواضعة. أما الخصال التي كانت ملازمة لشخصيته ومنها الحياء والانطوائية والتأمل، لم تكن خافية على أحد ممن عرفوه أو جالسوه أو حادثوه. وكان يصاب بالدهشة من اعتاد على القراءة له أو عنه إذ يكتشف الجديد في كل حديث من أحاديثه وفي كل موقف من مواقفه لكثرة مطالعاته وقراءاته التي كانت توسع آفاقه وتزيده ثقافة ومعرفة. وقد كان كمال واضحاً في طروحاته، جريئاً في آرائه، عنيداً في ثباته، واثقاً في قراراته، قلما تجتمع كل هذه الميزات في رجل سياسة واحد، لبناني أو غير لبناني، ذلك أن المنهل الذي كان يستقي منه غذاء الروح والمعرفة هو نبع الصفاء بعينه الذي يصلح لكل زمان ومكان.

يقول أرشيبلد روزفلت عن كمال جنبلاط يوم أقام مأدبة غذاء تكريمية له وللوفد المرافق في العاصمة الأميركية واشنطن في العام 1954: "كان لقائي الأول بكمال بك عام 1944 يوم زرت المختاره في لبنان لمقابلة السيدة نظيرة والدته، لكنه كان لقاءً عابراً لم يتم حوار بيننا لسبب ما". وروزفلت هذا هو الدبلوماسي المعروف نسيب الرئيس الأميركي تيودور روزفلت وأكبر الملمين بشؤون العالم العربي في ذلك الوقت لسبب أنه كان يحتل مركزاً رفيعاً في المخابرات الأميركية بالإضافة إلى كون زوجته من أصل لبناني. ويضيف أمام جمع من الضيوف: "ولم يتم حوار بيننا هذه المرة أيضاً إذ لم يكن كمال بك ضيفاً بشوشاً ولم يتحدث إلينا وإلى الذين دعوناهم للتعرف إليه، بل كان منطوياً على نفسه، عديم الحيلة وكأنه ضائع في عالمه المثالي باختلاف السياسيين اللبنانيين المشدودين إلى واقع الحياة اليومية".. ونشير هنا إلى الكلمة التي ألقاها كمال جنبلاط في هذه الرحلة منتقداً السياسة الخارجية الأميركية في الشرق الأوسط، خلال احتفال أقامه على شرفه شارل مالك سفير لبنان في واشنطن آنذاك وقد جاء فيها: "إن الشعوب العربية لا تكره الشعب الأميركي ولكنها تكره السياسة الخاطئة التي تنتهجها أميركا في دعم الاستعمار والرجعية في كل بلد امتدت إليه أيديها. نحن لا نريد أن نكون عبيداً تذلنا الحسنة ويحقرنا الاستعمار، وإنما نريد أن نكون أحراراً في بلاد حرة، نمد يدنا إلى

الأميركيين كأحرار يصافحون أحراراً.." هذا بعض من كثير صعقت له النخبة التي حضرت الاحتفال من كبار الشخصيات الأميركية، حيث فاجأ جنبلاط ضيوفه بوضوح وجرأة نادرين حتى صرّح أحدهم قائلاً: "إننا لم نعرف قبل اليوم زائراً ينتقد سياسة بلادنا بصراحة وإخلاص مثل كمال جنبلاط.."

احتلت السياسة حيزاً واسعاً في حياة وفكر جنبلاط بالرغم أنها فرضت عليه، كما مر معنا، لكنه لم يجعلها هدفاً أو غاية بحد ذاتها، بل وسيلة إلى تحقيق "السلام"، وكان توجهه دائماً إلى الينبوع والبحث عن الروحانية والصوفية بالمطالعة والتأمل الروحي، وقد أكد هذا في حديث صحفي أجراه معه الصحافي الفرنسي فيليب لابوسترال قبيل "استشهاده" بقليل إذ قال: "أعتقد أنني سأتحول عن السياسة بالتدريج.. إلى مباحث ثقافية وروحانية تخدم السلام."

لقد أراد، من خلال طرحه لمشروع "عقلنة السياسة" في لبنان والعالم العربي، الانتقال بالشعب من حالة السياسة المتخلفة القائمة على المذهبية والطائفية، إلى حالة "العلمنة" القائمة على "المعرفة والنشاط". ويرى أنه وإن اختلفت الممارسات والطقوس الروحانية من دين إلى آخر، إلا أن جوهر الأديان واحد، وإن الساعي إلى الجوهر لا يتوقف عند "تعرجات المسلك". أما الصلاة

التي يأتيها المسلمون والنصارى والموحدون، إنما هي صلاة الروح والمدخل إلى جوهر الأديان. ويقول فيها: "هي جميعها وسيلة وتجمّع وتهيؤ إلى الصلاة الحقيقية، صلاة الروح: صلاة الأزل بالأزل والقدرة بالقدرة والنور بالنور، وعي الحياة للحياة والوجود للوجود.."

كانت مصادر جنبلاط المعرفية متعددة ومتنوعة، ومنها اليونانية والصينية والهندية والمراجع الدينية على اختلافها، وقد ساعدته كثيراً في صياغة نظرياته الفلسفية، وخاصة المرجعية الدينية التوحيدية التي تجد جذورها في الفلسفات اليونانية والمصرية والهندية. وهو قد أدرك باكراً بأن كل ما في الوجود معرفة، أما السبيل إلى المعرفة فهو الاختبار الروحي الذي يدخله الانسان مع ذاته في سعي متواصل لبلوغ الحقيقة التي تقوم على قيم ثابتة لأنها مستمدة من القوانين الطبيعية الثابتة. وعلى حد قول جنبلاط: " قد تتبدل التصورات الدينية وأشكال المذاهب الروحية، ولكن مقاييس الخلق تبقى ثابتة نسبياً لأنها ثمرة انفعال الانسان بمحيطه وبيئته الاجتماعية". ومثال هذه القيم المحبة والفرح والصدق والتضحية والوفاء وغيرها التي تستند إلى القوة والشجاعة. وهو يعني القوة المعنوية وليس القوة المادية التي تظهر باستخدام العنف. وهنا يلتقي جنبلاط مع غاندي الذي يقول في هذا المجال: "لا يستطيع الانسان أن يزاول اللاعنف

ويكون جباناً في الوقت ذاته، ذلك أن مزاولة اللاعنف تستدعي أعظم الشجاعة".

***

لأنه آمن بالإنسان وحقه في الانعتاق من التخلف، وبشّر بحياة عزيزة لا ارتهان فيها ولا تبعية..

لأنه أعلن حقيقة التقدمية الديمقراطية التي تحرر الإنسان من عبودية الإنسان، ومدّ جسور الفكر الاشتراكي إلى العالم، في انفتاح قلّ نظيره..

لأنه هزّ، بثورته اللاعنفية، عروش الإقطاع الدينية والسياسية والرأسمالية.. من أجل كل هذا نصبوا له كمين الحقد والغدر وضربوه في الخفاء..

ففي ذكرى استشهاده اليوم، والحالة السياسية والأمنية في لبنان لا تزال على حالها من السوء، نشتاقه كما يشتاقه كل لبنان في هذه الأزمات المستعصية والمتلاحقة التي تعصف بأمنه واستقراره ووجوده ربما.. وإذ يتملكنا الخوف على انهزام الحق وقيام الباطل في وقت تراجعت فيه الأخلاق والقيم، نردد ما ورد في كتاب "كمال جنبلاط.. الانسان" لمؤلفه كمال أبو مصلح حيث قال: "أنت تقرأ بحياة كمال جنبلاط حياة الفضيلة، وبعظمته عظمتها، وبعذابه عذابها. وتسمع بأقواله صوت الحكمة. وتقرأ بموته موتَ الحق، وبهزيمته انتصارَ الباطل.."

➤

في احتفال توقيع كتاب "سقوط الجمهورية"
خالد حميدان يسأل ويجيب:
ماذا ينتظرنا عندما يسقط الوطن؟

الجالية - تورنتو (2013/06/09)

تحقيق وتصوير: سمير قاسم

في التاسع من شهر حزيران 2013 أقام مركز التراث العربي بالاشتراك مع المركز الاستشاري للإعلام احتفالاً حاشداً لتوقيع كتاب "سقوط الجمهورية" لمؤلفه الباحث والأديب خالد حميدان، ناشر جريدة "الجالية" في كندا،

وذلك في فندق راديسون ـ تورنتو. وقد لبى الدعوة إلى هذا الاحتفال جمع غفير من أبناء الجالية العربية، جاءوا ليؤكدوا، بغير ما يظنه البعض، أن الدنيا لا تزال بخير وأن الإقبال على الكتاب لا يزال حافزاً لطالبي المعرفة والراغبين في الاطلاع على كل جديد.

وفور الانتهاء من عملية التوقيع التي استغرقت ما يقارب الساعتين، قدم الشاعر أحمد التنوري عرضاً موجزاً عن الكتاب وصاحبه، منوهاً بالخط الأدبي الذي رسمه خالد حميدان لنفسه في كتاباته الوجدانية كما في كتاباته الاجتماعية والسياسية ذلك أن المحور الأساسي والدافع للكتابة لديه كان ولا يزال "الإنسان". وعندما يتكلم عن

الانسان يعني الغوص في القيم الانسانية كالصدق والوفاء والعدل والمساواة وحقوق المواطنة وواجباتها والترفع عن الصغائر ونبذ كل الأهواء والعصبيات عندما يتعلق الأمر بأمن الوطن واستقراره. وأكد الأستاذ التنوري في كلمته على أن الاتجاه في هذا الخط الانساني، الذي يسير عليه خالد حميدان هو الضمانة الوحيدة للخروج من البلبلة الفكرية والأزمة الاجتماعية التي يتخبط بها لبنان منذ وقت ليس بالقصير. ثم ألقى بعضاً من شعره الوجداني الذي يطفح بالشوق والحنين..

الشاعر أحمد التنوري

وفي تقديم مؤلف "سقوط الجمهورية" قال الأستاذ التنوري: "خالد حميدان هو صاحب القلب الذي لا يخفق

إلا بحب الوطن ومجد الانسان، يكاد في تواضعه أن يحاذي النور..
والنــور يعنـي بتواضــعه لا فرق بين السطح والهضبِ
والشمس سطح الماء ما لمست إلا ليعلو الخير في السحبِ

***

جانب من الحضور

استهل خالد حميدان كلمته بشكر الشاعر أحمد التنوري على مشاعره الرقيقة ثم تقدم بالشكر والامتنان من جميع الحضور على تلبيتهم دعوة مركز التراث العربي إلى هذا الاحتفال، منوهاً بالمواكبة والتغطية الصحفية والاعلامية التي رافقته. وقد كانت هناك كل من الصحف التالية:

الوطن، عربية، أكد، ساخر سبيل، بساط الريح، مشوار، الساحة، الجالية، بالإضافة إلى إذاعة وتلفزيون "مرايا".

وعن كتابه الجديد "سقوط الجمهورية" قال: "أنا لم أكشفْ عن سر كان مغموراً عندما اخترت "سقوط الجمهورية" عنواناً لكتابي.. ولم استخدم هذا العنوان للتعبير عن الإحباط أو خيبة الأمل، بل للتنبيه والدعوة إلى وجوب تضافر الجهود في مواجهة الانحلال.. وإجراء ما يلزم من تدابير وقائية ممكنة قبل فوات الأوان، ذلك أن الوطن الذي لا مكان فيه لأحلام أبنائه، هو بحكم الواقع مصاب بالعقم والشلل، وإن لم يسقط بعد، إلا أنه مهدد بالسقوط في أي وقت.."

جانب آخر من الحضور

ثم شرح المصدر اللغوي لكلمة الجمهورية إذ قال: "إن المصدر اللغوي لكلمة "الجمهورية" هو فعل جمهرَ. و"الجمهورية"، في تحديدها العلمي والقانوني، هي الدولة التي تُنتقى أركانُها من قبل جمهورها (وليس جماهيرها) بالانتخاب وليس بالتوارث. وكانت تستخدم كلمة "الجمهورية" من قبل دول العالم ولا تزال، للدلالة على حداثة الدولة وتحررها من قيود الاقطاع والطائفية.. من هنا كانت الجمهورية نقيضاً جوهرياً لما هو عليه لبنان وسائر الدول العربية حيث تحكمها الأنظمة الإقطاعية والطائفية. فالمسماة جمهورية، هي ساقطة بتركيبتها الأساسية لأنها تتنافى مع المدلول القانوني والانساني الذي يعني نظاماً ديمقراطياً يقوم على أساس العدل والمساواة بين المواطنين. وللأسف أن النظام الذي يحكم لبنان ليس بالمواصفات التي ذكرنا، فلكل طائفةٍ فيه مسار ومصير.. ولكل حزبٍ جمهور ومحازبون.. وعلى كل مواطن حرٍ أن ينحني.. فإما للموت البطيء على أرض الوطن وإما للرحيل..

المشهد ـ المأساة يتكرر في سورية ويتكرر في العراق وفي فلسطين.. وفي غيرها من البلدان العربية. لقد تحول الشعب الواحد أو جمهور الأمة الواحدة إلى جماهير متعددة، لا تعايش بينها سوى في الخطب والشعارات.. فكيف بعد تفاقم الأزمات والصدامات وتوالي النكبات التي تبدو بظاهرها سياسية.. وهي في باطنها طائفية."

وفي إشارة إلى تغيب الدكتور كلوفيس مقصود عن الاحتفال لأسباب صحية، قال الأستاذ حميدان: "يسرني في هذه الفسحة أن أحيي الأخ الأوفى والصديق الأصدق سعادة السفير الدكتور كلوفيس مقصود، الذي كان من المقرر أن يشرفنا بحضوره إلى هذا اللقاء، وأن أتمنى له الشفاء العاجل. فرغم الوعكة الصحية التي ألمت به وحالت دون سفره، فقد حبس أنفاسه ليكتب بعضاً من كلمات علها تعبّر عن مشاعره في هذه المناسبة.. سأكتفي بقراءة فقرة منها وهي بالنسبة لي وثيقة شرف واعتزاز.."
يقول الدكتور مقصود:
"سقوط الجمهورية" عنوانٌ صدمني في البداية لكون كلمة "سقوط" تنطوي على نتيجة محسومة لا نريدها لجمهوريتنا اللبنانية، لا بل علينا أن نواجه كل التحديات إذا كان الوطن فعلاً يتجه إلى السقوط. وكانت ردة فعلي الفورية أن أصارح الصديق خالد حميدان بذلك عله

يختار عنواناً آخر لكتابه.. ولكن ما كدت أقرأ ما ورد في الكتاب حتى أدركت الدافع لهذا العنوان المثير للجدل، وعرفت أن ما يعنيه المؤلف في "السقوط" يشير إلى قناعة راسخة أن لبنان بالأصل، ليس "جمهورية" بالمفهوم القانوني الدقيق بحيث يعمل النظام لصالح المواطنين في تأمين حقهم وأمنهم. فالاتجاه العام المعمول به في لبنان هو نظام لدسترة مصالح أمراء الطوائف المتعددة، بدلاً من نظام يرسخ المواطنة التي تحتفل بتنوع الأعراف والطوائف.. وهنا كان لا بد لي من أن أوافقه الرأي بعدما زالت الصدمة لأقول، إن "سقوط الجمهورية" هو أفضل عنوان يمكن لهذا الكتاب أن يحمله.. >

الدكتور كلوفيس مقصود

ويتابع الأستاذ حميدان: "كنا ننتظر، على امتداد سبعين عاماً من الاستقلال، أن يخرج لبنان من مستنقعات التبعية والطائفية التي خلفتها مراحل الانتداب والاستعمار ليعبر

إلى الدولة العلمانية ويقيم المواثيق المدنية بدلاً من المواثيق المذهبية التي استمرت في تكبيل المواطن بقيودها الخانقة حتى وصلنا إلى ما وصلنا إليه اليوم من تشنجات وانحرافات صرفتنا عن الوطن.

وإن قيام الدولة المدنية العلمانية، لا يعني مطلقاً إقصاء المؤسسات الدينية عن دورها الإرشادي والروحي. وإنما قيام دولة قوية متحررة من نفوذ الأمراء الطوائفيين وحاضنة لجميع الأديان والطوائف."

ثم يخلص الأستاذ حميدان إلى القول: "بقي أن نعوّلَ على شباب وشابات لبنان ومؤسسات المجتمع المدني الذين

ينتفضون اليوم لإسقاط النظام الطائفي، والتأكيد على الرغبة الصادقة في بناء الدولة العلمانية المدنية القادرة على إدارة شؤون البلاد وتثبيت "الجمهورية".. الواجب يدعونا جميعاً، مقيمين ومغتربين، إلى إعادة النظر بما يرضي الضمير، لإيجاد المخارج الناجعة التي تنقذ لبنان وتعيد له المناعة المفقودة، وليس في النهاية ما يبرر تقصيرنا أو فشلنا ومن ثم استسلامنا للأمر الواقع..
هلا سألنا أنفسنا ماذا ينتظرنا عندما تسقط الجمهورية؟

➤

لقطات تذكارية إضافية
من حفلة التوقيع

خالد حميدان: وماذا بعد؟

بقلم أحمد التنوري

2013/7/25

الانسان الخلوق، الصديق الصدوق، الكاتب المميز، الصحافي اللامع، الاجتماعي المثقف والأديب المبدع. ميزات قلما تجدها في إنسان واحد. ميزات تدل على الأديب المفكر خالد حميدان، صاحب الإرادة الصلبة والفكر النيّر..

وعى وتفحص وأجاد في مختلف الحقول التي اختارها في حياته، بعيداً عن وطن أحبه بكل جوارحه، جاهداً في إحياء تراثه، ما يدلّ على تعلقه بجذوره الأصيلة. فأنتج الكتب وصاغ المقالات المعبّرة عن وعي وإدراك لما يدور على الساحة العربية، شارحاً أسباب الخيبة التي ألمّت في وطن أراد له العزة والسيادة.

كان ولا يزال سيد المنبر الحر. يخاطب الجاليات العربية في بلاد الاغتراب، داعياً إلى السير على درب المحبة ونشر بذور التعاضد بين أفرادها لما يحقق تآلفها ووحدتها، ليصبحَ خالد، بإرشاده وتواضعه، واحداً من أبرز الموجهين العرب في المهجر.

ومن حسن حظي أنني عرفته منذ مدة جاوزت الربع قرن، كان ولا يزال لي صديقاً حميماً. وإن أجيز لي وصفه بكلمات قليلة أقول: هو صاحب أخلاق عالية مميزة برحابة الصدر وصدق الوعود والوفاء بالجميل.

***

خالد حميدان.. ارتبط اسمه بالتراث العربي، لدعواته المستمرة إلى إحياء التراث والتعلق به، ما لفت النظر إلى ارتباطه الوثيق بالوطن الأم رغم آلام الاغتراب..

هو الكاتب الذي حرر أبجدية النطق المتداول بها، من الأمية الساذجة إلى ثقافة الكلمة الراقية والمعطرة بأريج المحبة في أبعادها الإنسانية..

هو الصحافي اللامع الذي ينقل الأحداث بشفافية عالية. فيشرحها ويحللها بوجدانه الصادق، كاشفاً حقيقة ما يجري بأسلوب صريح جريء انفرد به دون غيره من الصحافيين..

هو الأديب المبدع الداعي في كل ما أنتج، إلى الوفاء والرجاء، بأسلوب جميل مميز يفوح منه شذا الإبداع..

وبعبارة تختصر الكلام، هو ينبوع متدفق بالعطاء وثروة قومية لنا في بلاد الاغتراب..

وفي الإشارة إلى بعض مؤلفات الأديب خالد حميدان، ترى أنها وإن اختلفت في التسمية إلا أنها تتشابه في القصد والأسلوب:

ففي "الأبله الحكيم"، تراه حكيماً أين منه الحكماء. تنزل فيه الكلمات شلالاً متدفقاً، تروي ظمأ النفوس العطشى والضارعة إلى نبع الصفاء والإشراق..

وفي "كلمات بلا حواجز" يتخطى كل الحواجز والعوائق مخترقاً كثافة الظلمة كما يخترق الحق صدر الباطل..

وفي "الوصايا العشر"، يرسم للأجيال الناشئة طريقاً معبداً بالعلم والمعرفة ليعبروا الحياة بخطوات واثقة، علهم يحققون أحلاماً عجزنا نحن عن تحقيقها.

وفي "أوراق حائرة"، يتراءى لك الألق اللامع في بحر الظلام، يتخطى الصعوبات مصارعاً أمواج الجهل..

وماذا بعد؟ ففي "سقوط الجمهورية"، ترى خالداً وقد امتطى صهوة جواده ليعلن عن ثورة حضارية بوجه

النظام القبلي السائد في لبنان والعالم العربي، محرضاً الشباب على المواجهة بقوله:
"ما عاد يقبل بكم الوطن مهزومين في شرنقة حريرية تقفل على ذاتها. بل يريدكم قوة لو فعلت، تتحول إلى فراشة وتخرج إلى النور.."

ومع نداء الصديق الأديب نقول:

لا تنجلـــي البغضــــاء عنا ما دجــى
عهد التجافي في الورى يتحكمُ
أوَ كيفَ يخشى الليلُ من غمر السنا
والليلُ من نورٍ ضئيـلٍ يُهــزمُ

من أجل أن يولدَ غدي..

2013/11/28

في زمن الشحن الطائفي والمذهبي وقيام الحروب العبثية بين أبناء الوطن الواحد، وُلد في لبنان من يقول: اجتنبوني أيها المذهبيون المتحاربون.. فأنا لست منكم حسباً.. لا ولا منكم نسباً.. فأنا إنسان أنتمي إلى مذهب يتعالى فوق مذاهبكم وطوائفكم وعصبياتكم. إنني أنتمي إلى هذه الأرض الحرة الأبية التي تتبرأ من نَزَعاتكم ونِزاعاتكم، ومن جهلكم وتجاهلكم. ففي دمي هويتي وفي صدري محبتي وفي ضميري حكمتي التي تقول: الإنسان في لبنان لا ينتمي إلى طائفة، بل إلى وطن..

أقول هذا من وحي الحدث الذي جاء في الثلاثين من شهر أيلول المنصرم حيث شهدت سجلات دوائر النفوس في الجمهورية اللبنانية ولأول مرة في التاريخ، ولادة طفل لا ينتمي إلى مذهب أو طائفة لأنه كان ثمرة زواج مدني

بطلاه نضال درويش وخلود سكرية اللذان شطبا قيد الطائفة عن سجل نفوسهما وأصرّا على العقد المدني رغم الضغوطات والاعتراضات والانتقادات التي جاءتهما من كل صوب. وقد نجحا في خطوتهما هذه لأن ليس هناك ما يمنع زواجهما مدنياً في ظل القوانين المرعية. ونظراً لفرادة هذا الحدث، فقد هنأ رئيس الجمهورية ميشال سليمان الزوجين، في صفحته الشخصية على (تويتر) بولادة الطفل الذي أعطي اسم "غدي". وربما كانت هذه التسمية ترمز إلى الغد والمستقبل الذي يتطلع إليه اللبنانيون في مجتمع محرر من كل قيود الطائفية والمذاهب، علّه خلال السنوات المقبلة يحذو كثيرون حذو نضال وخلود.

الواقع.. أن لبنان بحاجة دائمة إلى تكرار نضال وخلود لكي يولد غدي. فالمجالات تتنوع وتختلف، ولكنها في جوهرها واحد: الكل ينادي بنبذ التعصب الطائفي ويدعو إلى المحبة وعدم التمييز بين الناس بسبب اللون أو الجنس أو المذهب أو التبعية. وهذا الكل ذاته يمارس على الأرض عكس ما ينادي به. السياسيون في لبنان يحاضرون بالانفتاح وقبول الآخر بما تمليه عليهم الكتب السماوية، ويعملون بالخفاء الواحد على إلغاء الآخر بما تمليه عليهم العصبية المذهبية. وما يحصل في لبنان اليوم بين الأطراف السياسية المتنازعة لاستحداث قانون جديد للانتخابات، هو النموذج الحي لكيفية التعاطي غير

المسؤول "للمسؤولين" عن قضايا الوطن المصيرية، إذ يدَّعي كل منهم تفوقه في اقتراح وتقديم مشروع القانون الأمثل الذي يضمن "التمثيل الطائفي" خير تمثيل. وهكذا يجري الأفرقاء السياسيون في لبنان بالسباق إلى الوراء، بوقاحة وجرأة غير مسبوقتين، إلى إعلان ولائهم للطائفة وليس للوطن..

ونذكِّر هنا بتظاهرة شباط 2011 التي سارت في شوارع العاصمة بيروت، وقد ضمت بضعة آلاف من الشبان والصبايا حملوا شعارات التغيير الجذري وفي طليعتها "إسقاط النظام الطائفي في لبنان"، كيف بارك معظم السياسيين خطوة المتظاهرين وفي مقدمتهم وزير الداخلية آنذاك زياد بارود، مؤكداً أنه لكان في صفوف آلاف المتظاهرين لو لم يكن عضواً في الحكومة الحالية. ولكن مثل هذه التصريحات أو التمنيات، مع الأسف، لم تعد تشفي غليل الطامحين إلى التغيير، ولا هي الآلية القادرة على إنقاذ لبنان من براثن التبعية والفساد. لكان من الأولى والأجدى لو أن الوزير الكريم الذي نقدِّر ونحترم، قدّم استقالته في ذلك اليوم ليلتحق بجمهور المتظاهرين..

الغريب في الأمر أنه بالرغم من وضوح الداء الذي ينخر في الجسم اللبناني ويعطل فيه معظم المرافق الحيوية، نجد جهابذة الطاقم السياسي الذين يدَّعي بعضهم نظرياتٍ علمانية ومدنية، يعملون على اقتراح الحلول المختلفة للخروج من الأزمة المستفحلة دون أن يتعرَّضوا، ولو

191

لمرة واحدة، إلى الطائفية السياسية التي تتحكم في قراراتهم وممارساتهم وكأنها الخط الأحمر الذي يقف عنده الجميع وبتوافق الجميع. وهذا ما يشير إلى هشاشة الفكر والالتزام المبدئي الذي يعاني منه لبنان..

وفي خلاصة هذا العرض المؤسف، لن أتوجه بالانتقاد إلى أمراء الطوائف المتربعين على عروشهم، ولا للتابعين "الزحفطونيين" القارئين في كتبهم، وإنما للشباب، شباب الوطن المطالبين بإسقاط النظام الطائفي. فإن أشير بالبنان إليكم، فلأنكم أنتم وحدكم القادرون.. فلا تصغوا لأقوالهم ولا تتمثلوا بأفعالهم، بل اعملوا بما يوحي به زواج "نضال وخلود" من أجل أن يولد "غدي"..

الاغتراب إلى الوطن..

2013/11/30

سيستغرب حتماً كل من يقرأ عنوان هذا المقال ذلك أن كلمة الاغتراب بحد ذاتها تعني الرحيل عن الوطن أو الاغتراب عنه، فكيف يكون الاغتراب إليه. هذا من حيث المدلول اللغوي للكلمة والمتعارف عليه بين الناس. أما في الواقع المحسوس، فالاغتراب هو أكثر وأبعد من الرحيل والهجرة. إنه الحالة الصعبة التي يعيشها المواطن، أي مواطن، بعيداً عن أرضه وشعبه وأهله وأصدقائه، ليحلّ في أرض ليست أرضه وبين ناس ليسوا ناسه وفي خضمّ عادات وتقاليد ليس من السهل تبنيها أو التمسك بها، على الأقل في المراحل الأولى للهجرة. إذن الاغتراب هو حالة انتقالية قاسية تصيب المغترب ويعتريها الشوق والأمل في العودة إلى الأرض التي أنجبته فأحبها وتعلق بها بما فيها من شعب وتاريخ وتراث. وقد يطول أمد هذه الحالة إلى أن يرحل الانسان، ليس عن أرضه وحسب، وإنما عن هذه الدنيا الفانية إلى حيث لا اغتراب يقاسيه أو وطناً يناجيه، بل صفاء وسكينة واستشراق..

لقد انتابني هذا الشعور لدى عودتي مؤخراً من زيارة قصيرة إلى لبنان كان قد حملني إليه الشوق وحب

الاطلاع على ما يشهده من تحولات وتغيرات في زمن الكيد والقهر والكفر. فالتقيت، بالإضافة إلى الأهل، أصدقاء من الأمس البعيد حيث أمضينا معاً بعض الوقت في أحاديث متنوعة ومنها تقييم المرحلة الراهنة مقارنة بسنوات طويلة خلت مليئة بذكريات حلوة قلّ نظيرها، كاد الاغتراب أن يمحوها من خزّان الذاكرة.. وقد توصلنا إلى التأكيد على ما كنا وما زلنا نعتقد بأنه الداء لكل ما يحصل هناك، النظام الطائفي الذي ينخر بالوطن كما ينخر بعقل المواطن ويجعل منه أداة طيعة بيد الأسياد وأمراء الطوائف العابثين بأمنه ومستقبله. والغريب بالأمر أنه كلما مرّ الزمن كلما ازدادت حدة الطائفية لدى المواطنين وأسدلت أمام ناظريهم ستائر العصبية والحقد. وكأني بوطن المحبة والسلام، الذي راود أحلامنا طيلة سنوات، قد انقضى وحل مكانه وطن الظلام..

تشاء الصدف أن نعيش الاغتراب، ليس بالتنظير وحسب، بل تجربة واقعية منذ خمس وثلاثين سنة. وكنا نسعى منذ اليوم الأول إلى كسب ما حققه من سبقنا إلى الحرية والديمقراطية في المجتمع الجديد علنا نحمل تجربتنا في يوم من الأيام إلى الوطن الأم على أنها نموذج ما يجب أن يكون عليه الوطن بدلاً من أن نكون في الاغتراب صورة عما يدور فيه. ولكن مع الأسف، لم تنجح المحاولة لأسباب عدة أهمها أن معظمنا لا يعترف بتقدم المجتمعات

الأخرى بل يؤكد على أننا سباقون في ممارسة الحرية والديمقراطية وحضارتنا تفوق كل حضارات العالم وقد تعدّت سبعة آلاف سنة (على حد تعبير البعض) "حتى إشعار آخر".

والسبب المهم الآخر هو أننا نتمسك بعاداتنا وتقاليدنا التي حملناها معنا من بلد "الاشعاع والنور" بما فيها التي أثبتت عقمها وتخلفها، وذلك خوفاً من أن يقال أننا تخلينا عن وجهنا الحضاري وتمسكنا بالوجه الاغترابي. وتسمع من يقول إن قوة لبنان مستمدة من "تنوع" نسيجه ويرفض أن يقال "تعدد" نسيجه وكأن في اختلاف الكلمة أو التعبير خروجاً عن الموضوع.

أما السبب الأكبر والأخطر هو أن مغتربينا، في غالبيتهم، هم صورة لما يحدث في لبنان من انحراف وشذوذ ومكابرة، ومرآة للاصطفافات الطائفية الحاصلة التي ما زالت الشرارة المباشرة لكل ما يدور من تجاذب وتقاتل وحروب أهلية، والوسيلة الأنجع التي يستخدمها الأوصياء لتحقيق مصالحهم على حساب أمن وسلامة مواطنينا. وكنا قد راهنا، في وقت من الأوقات، على اللبنانيين الذين يقيمون في الخارج ويتنشقون هواء الحرية ويمارسون قواعد الديمقراطية، أن ينقلوا تجربتهم إلى الوطن والإسهام ما أمكن في بنائه على أسس ثابتة تضمن له الاستقرار والاستمرار بروح تعاونية بعيداً عن العصبية والعبثية. لكن ما يحصل وللأسف، هو العكس تماماً بحيث

يتخلى واحدنا عما تلقاه في الاغتراب ليعود إلى ممارسة "التقاليد الوطنية" متى وطأت قدماه أرض الوطن.

السيدة الوالدة محاطة بأولادها، نجوى ومروان من اليسار وخالد ووفاء من اليمين

ففي عودة إلى "بيت القصيد" موضوع الزيارة إلى لبنان، أعترف أنني أشعر بالاغتراب كلما ساقتني الظروف إلى الوطن لزيارة الوالدة وسائر أفراد العائلة. وكأن عليّ أن أعبر الحالة الانتقالية القاسية التي يعبرها المغترب عندما يرحل عن الوطن. عله يأتي اليوم الذي نتمكن فيه من إزالة الحواجز المعيقة، في إطار المواطنة البناءة، لنبني معاً الوطن القادر على حمايتنا واحتضاننا بعيداً عن قساوة الاغتراب..

تميّزك يا خالـد.. أزال بعضاً من مخاوفنا.!

بقلم المحامية السيدة مها البعيني أبو ضرغم

2014/1/5

من وطن حائر، أكتب إليك وعنك يا خالـد. رفيق طفولة أنت وصديق شباب..

ومن النعم التي سعد بها جيلنا، أننا عرفنا هذا اللبنان في أيام حلوة مشرقة إلى أن أطلت المأساة بوجوهها العديدة تركب خيول الدمار والعنف والانقسامات الحادة والكيدية على سائر المستويات، فكان قرار الاغتراب.. رحلت في غربة بعيداً عن بلد يتمزق. فخلت أننا فقدنا من بعدك

مكتسبات تعودنا عليها منك في ميادين شتى لكنك أثبت العكس..

في فترات مضيئة من هذه المرحلة، كنت اللحن الذي أطربنا ولك فيه تجارب كثر. والأغنية الظريفة التي رددناها معاً، والعلاقات مع النخب الثقافية والإعلامية والفنية إذ كنت مقداماً لسلوك الكلمة.. وبدأت الإنجازات في الشعر والموسيقى والمقالات المثيرة التي ألبسها انتماؤك لكلية الحقوق ثوب الحس التحليلي والميل الواضح للإقناع والمجادلة العقلية..

لكنك يا صديقي مختلف في غربتك كما كنت مختلفاً في إقامتك.. فالمبادئ لم تتشوه بجفاء البعد الجغرافي والوشم الاغترابي، بل حافظت عليها وقد أنضجتها تجاربك العديدة، فتعددت النشاطات وكان أهمها هذا الاهتمام بالجالية العربية عامة واللبنانية خاصة والتي تشهد لك بالدور البناء في تثبيت اللحمة والتعاون بين الجميع..

تميزك لم يكن بنظري، وبكل صدق، فقط في إنجازات أدبية حمّلتها انفعالاتك وتساؤلاتك كما الأجوبة. بل تعدت ذلك إذ حملت هواجس وهموم الآخرين وساهمت في رأب الصدع الإنساني الذي خلفته الحروب الطائفية البغيضة هنا. وأنشأت عائلتك الصغيرة كما الكبيرة وضميرك في الوطن منه وعنه وعليه..

هذه النشاطات الاجتماعية والوطنية والانسانية والثقافية، هي بحد ذاتها ديوان أعمال كامل متكامل: إن الرقي في

المواطنة الحقة لدى أي لبناني، يدفعه دائماً للنقد الإيجابي.. للصرخة الصادقة، للتوق إلى الأفضل والأسمى. أما السلبية التي تحاشيت سلوك طريقها في التحقير والتجديف، فتركتها لمن لا يفرقون بين الأشلاء والمداميك. يكفي وطننا ما لاقاه من ظلم الآخرين وأخطاء مواطنيه وجرائم العابثين. فأنت لم تحاسب يوماً لتنصّبَ نفسك قاضياً يوزع الأحكام جزافاً.. وبأسلوب راقٍ وضعت الأصبع على الجرح محاولاً وقف النزف، فرسمت حلولاً تراها متلائمة مع قناعاتك سواء شاركك الجميع الرأي أم لا، إلا أنها جاءت صقيله، مباشرة وهادفة..

أعتقد أن قناعتك وإيمانك اللامحدود بأسلوب فكري واضح كانا مصدر قوتك الحقيقية.

لا زالت ذاكرتي سعيدة بما حوته كتبك من نقلة نوعية في أفق الأدب الرحب.. أدركت تلك الروح التي تختبئ خلف الكلمات. تعلمت أن صدق الكاتب بإمكانه نقل الأحاسيس بأبسط العبارات.. فمحاولة تخليص الأسلوب من الزخارف، أسهم في الاقتراب أكثر فأكثر من تصوير، واقع الأشياء، والأحداث، والتحاليل..

ليس من شك في أن ازدواجية الموقع عندك يا صديقي بين الإقامة والاغتراب، ساهمت في هذا التجلي الفكري الذي تتميّز به وفي تطوير الشخصية الأدبية التي تربّت في الأصل على العلمانية، والانفتاح الفكري والسياسي

والاجتماعي.. لقد ثبّتَ الاغتراب لديك القناعات التي نشأت عليها لكن التعبير عنها ظل يستقي قوته من محيط مختلف تماماً، ربما اتسعت آفاقه أو ربما أضفت على النشاط الفكري معطيات جديدة ونظرة أكثر شفافية وشمولية..

تأثرت كثيراً بالمعاناة الجلية والواضحة فيما أسميته أنت "الاغتراب إلى الوطن" عندما تزوره من وقت إلى آخر.. إنها خيبة الأمل ليس لديك وحسب، بل أيضاً لدينا جميعاً.. نحن من يشعر ويعاني من "غربة في الوطن" حسبنا أن نتمسك بوطن يلملم أشلاءه من زوايا الأرض كلها، ونقنع أنفسنا أنه لا بدَّ من فجر طالع؟؟ لكنني أعترف أننا كلنا، أقمنا أم اغتربنا، نعيش حالة نزاع عقلي وعاطفي في آن معاً.. خسارتنا الكبرى هي هذا الكم من القدرات الانسانية التي وجدت في ركن من هذا العالم المنبر الملائم لممارسة إنسانيتها واستمرار نضالاتها مهما اختلفت أنواع هذا النضال..

كم من المحاور خضتها يا صديقي؟ هل عددتها؟ إنها كثيرة متعددة ومتنوعة. تسللت إلى كتابات جاءت أحياناً كأجوبة صريحة على ما خضته من معارك التأريخ والتحليل والبحث، وأحياناً أخرى كتساؤلات تترك للقارئ، كما للناظر إلى لوحة فنية، أن يستنتج ما يريد ضمن قواسم مشتركة لا يحيد عنها عاقلٌ..

إنه خالد الذي يتوق، يهدف، يتمنى أو يسعى.. والقضية واحدة على مثال "ماذا لو توقف الضخ ليوم واحد" برمزيته اللامتناهية. إلا أن هذه الواقعية لم تمنعه من التحليق في فسحة أمل، ولو صغيرة، رغم تناقضات "ربيع وخريف الأنظمة العربية"..

لا أدري لماذا وجدت في "أوراقك الحائرة" زبداً وفيراً ومرآة انعكست فيها شخصية واضحة التلمس. ربما لأنها حائرة؟ ربما لأن حيرتها أغنت مصداقيتها؟ الأكيد أنها لم تلتحق بأي كتاب سبقها ليس لأنها ضائعة النسب، بل لأنها ثارت على التوضيب والتنسيق فجاءت كاملة العفوية بليغة التعبير..

أملنا يا خالد أن تصل إلينا دائماً "كلماتك بلا حواجز" وأن تظل أفكارك "بريقاً يلمع في ظلام" وطننا قبل أن يضيع.. إن المتعاطي مع الكلمة هو أمين على أسمى ما ابتكره عقل الانسان. فالأحرى بنا أن نتعامل معها، كما فعلت أنت، بالاستيعاب والتطوير لا بالاكتفاء بأن نكون مجرد صدى لما يدور حولنا..

الحر هو حرُّ العقل مهما كبله السجان. بوركت "أوراقك" الهادفة وبورك القلم الذي "تشهره" في مسيرتك النضالية. صمودك روانا من أمل فسيح، وتميزك يا خالد أزال بعضاً من مخاوفنا..

◄

الإبراهيمي.. أكثر سرعة من التسرّع

2014/1/30

الأخضر الإبراهيمي، الذي يشرف على حوار بين وفدي النظام والمعارضة السوريين في جنيف، يتسلح بالصبر والتفاؤل بالرغم أنه يدرك صعوبة المهمة منذ البداية ولا يتوقع المعجزات بين اليوم والثاني ويكرر أمام الصحافيين قوله: "إن مجرد جمع الطرفين إلى طاولة واحدة هو إنجاز بحد ذاته". وفي أحد تصريحاته حول المهام التي قام بها في حياته، قال إنه لم يشعر في أي مرة أنه يوجد "وضع ميؤوس منه". جميل هذا التفاؤل إلا أنه لا يشفي غليل العالق في النزاع إذا ما رافق تصريحات التأجيل والتسويف والبطء في اتخاذ القرار والموقف. وفي حديث إلى الصحافيين منذ أيام، قال الإبراهيمي: "أنا متهم بأنني بطيء، لكنني أعتقد أن ذلك يبقى أكثر سرعة من التسرع".

فريد ايكهارت، المتحدث سابقاً باسم الامين العام السابق للأمم المتحدة كوفي أنان، يقول: "إن الأخضر الابراهيمي

يتمتع بنزاهة وصراحة متميزتين بالنسبة إلى ديبلوماسي. واعتقد ان هذا ما يجعله موضع ثقة جميع الأطراف". هذا صحيح وقد سبق له ان كان موفدا للأمم المتحدة إلى أفغانستان بعد اعتداءات 11 ايلول (سبتمبر) 2001، وإلى العراق في 2003. وهو قد عرف للمرة الاولى كوسيط خلال المفاوضات بين الأطراف اللبنانيين في مدينة الطائف ـ السعودية، التي انتهت باتفاق وضع حداً لحرب أهلية استمرت خمسة عشر عاماً. ثم أصبح موفداً خاصا للأمم المتحدة في نقاط ساخنة عدة من العالم، إذ تولى رئاسة بعثة الامم المتحدة في جنوب أفريقيا خلال انتخابات 1994، التي أتت بالمناضل الكبير نلسون منديلا رئيساً. كما أوفد إلى اليمن في خضم الحرب الأهلية. كذلك المعروف عن الأخضر الابراهيمي أنه عضو في مجموعة "الدرز" (القدامى) التي تجمع شخصيات تعمل على حل النزاعات المسلحة في العالم، بينها الرئيس الأميركي السابق جيمي كارتر وكوفي أنان والأسقف الجنوب افريقي ديسموند توتو.

نشير هنا إلى أن المحادثات في جنيف وصلت إلى الطريق المسدود حيث ظل الفريقان على ما كانا عليه من مواقف اتهامية متصلبة ولم يأتِ أي منهما بتصور إيجابي لمحاور هيئة الحكم الانتقالي كما كان قد طلب إليهما الإبراهيمي. وهذا يعني العودة إلى نقطة الصفر وبالتالي

الفشل في الوساطة.. فهل سيعترف الإبراهيمي هذه المرة أنه من الممكن أن يكون هناك وضع "ميؤوساً منه"..

*****

كُلف الابراهيمي بالمهمة في أوائل شهر آب 2012 وقد صرّح آنذاك بقوله: "لست واثقاً من النجاح بإنهاء الصراع في سورية". وبعد انهيار "هدنة الأضحى" في تشرين الأول 2012 قال: "إن فشل الهدنة لن يضعف من تصميمنا على مواصلة الجهود، ذلك أن سورية مهمة وشعبها يستحق الحصول على دعمنا. وسنواصل بذل الجهود من أجل خفض مستوى العنف ووضع حد له".
هكذا تدار الأزمات الدولية من قبل المجتمع الدولي: برودة في التفكير وتباطؤ في التنفيذ واسترسال في التصريحات "المخملية".
وقلت في الختام: سعادة السفير الإبراهيمي، صدقتَ في توقعاتك يوم قلت إنك لست واثقاً من نجاح مهمتك في سورية. لا بل فشلك الذريع رفع عدد القتلى بالآلاف وأجج نار الأزمة إلى أعلى درجاتها مهدداً بما هو أعظم. فليكن لديك جرأة الاعتراف والاعتذار عن مهمة كنت أول من تنبأ بفشلها، رحمة بدماء الأبرار الذين يسقطون..
واليوم، بعد سنة ونصف على التكليف، وبعد ازدياد عدد الضحايا أضعافاً، أكرر ندائي لك سعادة السفير وأدعوك إلى التفكير جدياً بالاعتذار.. وإن رفضت (لا سمح الله)،

سيكون هذا من باب التسرّع حتماً. فالمطلوب منك أن تثبِّت القول بالفعل وتبرهن للعالم، الذي شكك بحركتك (الوسائطية) واتهمك بالبطء، أنك أكثر سرعة من التسرّع كما أشرت في أحد تصريحاتك..

بكل المحبة والتقدير..

➤

الفنون الأدبية والشعرية..
لرسم المشاعر.. وليس لإرضاء الخواطر!

"خالد حميدان"
في تقديم كتاب "نفحات من القلب"
للشاعر أحمد التنوري

2014/3/25 / تورنتو - كندا

التقيته الصديق منذ خمسة وعشرين عاماً ونيف في بيت أحد الأنسباء في مدينة تورنتو حيث كنت في زيارة قصيرة إلى كندا، قبل التفكير حتى بالإقامة فيها.. لم أكن أعرفه من قبل أو أني التقيته، غير أن شعوري وظني كانا على غير ذلك وكأنني ألتقي أخاً أو صديقاً بعد طول اشتياق وانتظار. فأخذت باستعراض شريط الذاكرة طوال السهرة علني أعثر على ما يفسّر هذه اللهفة الطارئة أو يثبت ظني.. فلم أجده. فأيقنت صحة تعبير ميخائيل نعيمة الذي قال في مثل هذه الحالة: "رب أخ لك لم تلده أمك". فارتحت لهذا القرار وتوقفت عن استعراضات الذاكرة.. غير أنه كان على الأيام الآتية أن تثبت الحدس الذي خامرني في ذلك اللقاء، وهذا ما كان بعد أن عرفت الصديق وخبرته لسنوات..

أحمد التنوري.. هو الأخ المحب الذي لم تلده أمي فعلاً (على حد قول نعيمةً)، والصديق الأوفى الذي اختبرته التجارب، والرجل الصامد في ثباته وإقدامه.. وحتى في "إحجامه". لم تغيرْه الأيام رغم قساوتها ولا الأحلام رغم صفوتها وإن رسمت على رأسه بعض الخيوط البيضاء إيذاناً بالنضج والوقار..

وحكايتي لم تتوقف عند أحمد التنوري الإنسان، بل تعدتها إلى أحمد التنوري الشاعر، صاحب النفحات الروحية والوجدانية، وهو الذي لم يترك حدثاً أو حادثاً صادفه إلا وانطبع في وجدانه ليخرجه فيما بعد نفساً مسكوباً بقوالب شعرية مفعمة بالإحساس الصادق والمحبة الهادفة.
لقد هاله أن يعيش أدباؤنا وشعراؤنا في عالمنا العربي مكبلين بقيود خرساء، مطأطئي الرأس للقمع والإرهاب، يأخذ بهم الانفعال الجاهل إلى الانحدار عن ركب الحوار الحضاري ويثنيهم عن جمالية الأدب والفكر. وسمعته يقول مرة: "إن حرية الإنسان، هي العلامة الفارقة في نهضة الأمم ورقيّها". فالتقينا على هذه الدرب التي سبق لي أن رسمت بعض ملامحها فيما أصدرت من كتب وصحف ومجلات، حيث اعتبرت أن المشاكل التي تعترض الوطن تحثنا على الحوار المتواصل في بلاد الاغتراب، علنا نتوصّل إلى صيغة أفضل للعيش فيه ومعه فنتعلم كيف نحبّه وكيف نحافظ عليه وكيف نقيه شر

المطامع والأحقاد. فإن تعطل الفكر هناك كان علينا أن نبعثه هنا في المهجر في ظلال الحرية، بعيداً عن التشنجات والمهاترات والخطابات الفارغة. فالحوار الملتزم البناء هو الأسلوب الحضاري لبناء الوطن وحمايته، وما عداه فهو زيت يُصبّ على النار..
ومن المؤسف جداً أنه من خلال الممارسات اليومية، يبدو وكأن فهمنا للحرية، وخاصة فيما يتعلق بحرية الرأي والتعبير، لا يزال في طوره البدائي ولم نتمكن بعد التخلص من مركبات النقص التي تشدّ بنا إلى الوراء. فإذا أفصحنا عن رأي، نواجه سامعينا بالتحدي و"البهورة"، وإذا أدلينا بتصريح نتهجم ونتجنى ونتهم الآخرين، ثم ندّعي بحرية التعبير التي يمنحنا إياها القانون. ويفوتنا، بتعامينا عن الحقيقة، أن ذات القانون يعاقب على التهجّم والتجنّي والاتهام. وإذا قلنا إننا نعشق الحرية، يغيب عن بالنا أن الآخرين يعشقونها أيضاً وأن الحرية لم تفصّل على قياسنا أو مزاجنا وحسب.

إن ما يدفع بنا إلى البحث عن مخارج ناجعة في بلاد الاغتراب، هو حلول النكبات المتتالية في بلدان العالم العربي وسيطرة الجهل والتخلف على كل المرافق العامة والخاصة فيها، بسبب فقدان الحرية والممارسة الديمقراطية. أضف إلى ذلك تواجد كثيرين من الناشطين الاجتماعيين في صفوف الجاليات العربية هنا، من

المثقفين والكتاب والشعراء، القادرين على طرح الآراء والأفكار المفيدة بما توفره الآفاق المفتوحة على الحضارات المختلفة بآدابها وعلومها ونظمها وقوانينها، إسهاماً في معالجة القضايا الهامة وإيجاد الحلول المتوازنة التي إذا ما ثبت نجاحها، شكلت الخميرة الصالحة لنقلها إلى الوطن.

من هذا المنظار، أدرك الصديق أحمد التنوري عبء المسؤولية في مواجهة الانحراف الحاصل على المستويين الوطني والجاليوي وهو الذي حمل على منكبيه هم الوطن منذ أن تسنى له أن يحمل قلم النضال نثراً وشعراً ومقاومة.. وأفضل ما في نتاجه الشعري والأدبي، أنه يشبه صاحبه بوجدانه الصادق وشفافيته الساطعة دون التأثر بالمواربات والمساومات المعمول بها على أرض الواقع والتي أوجبتها "الواقعية العصرية" بتراجعها وسلبياتها، ولسان حاله يقول: إن الفنون الأدبية والشعرية تتساوى بنزاهة الضمير الحي في حسها وصدقها: لرسم المشاعر.. وليس لإرضاء الخواطر..

إن أكثر ما نحتاجه اليوم في عصر التراجعِ والانكفاء، هو العودة إلى الذات وتلاوة فعل الندامة أمام الضمير. فلا نذهبن للتفتيش عمَّن نخاصم أو نعادي إذا تخلفنا عن مواكبة الحياة في عزها وعلائها، فالعدو يعيش في داخلنا وينمو في تخاذلنا وينتصر في انهزامنا..

"**نفحات من القلب**"، تكشف الغطاء عن الصفوة الروحانية التي يتظلل بدفئها **أحمد التنوري** في مشاعره الانسانية وإيمانه الراسخ، وكأن ما عادت تعوزه التجارب لرسم آفاق المستقبل. علَّ هذه "النفحات الهادفة" تجد طريقها إلى كل مواطن يتطلع إلى أمل مشرق، بعد أن أثقلت كاهله النكبات المتتالية وكادت أن ترميَه الأعاصير في مجاهل العدم والفراغ..

➤

سميح القاسم..
آخر الأوفياء في ثلاثي المقاومة..

2014/9/19

كان أدبه الوجداني المستمد من نزعته الصوفية، جواز سفر إلى عقول الناس وقلوبها. عاش من أجل القضية وتمنى أن "يحمل على كتفه نعشه" وهو "منتصب القامة". إنه الوفاء للأرض المقدسة في نضال لا يمل ومقاومة لا تلين. فإن غاب عن عيون فلسطين، فالذكرى للغائب عمر جديد لأنه سيعود إليها في ضمير كل مناضل وفي وثبة كل ثائر، ليعلن القيامة من جديد..

لعل المؤامرة التي اشترك فيها العالم لاغتصاب فلسطين وما يزال، زادت من حدة غضب سميح القاسم ونقمته على إسرائيل وأدواتها التي تمعن شراسة في الاحتلال يوماً بعد يوم وكأنها تنخر بالجراح النازفة والآمال المحبطة. فانبرى الشاعر من مرارة الواقع ساخراً متألماً من بشاعة المؤامرة ليقول:

"جيوشهم جرارةْ
لا لاستعادة موقعٍ أو مسجدٍ.. أو زهرة برية
لكن لسحق مظاهرة
ولقتل طفلٍ ما درى
أن الحنينَ إلى أبيه مؤامرةْ!"

بين العامين 1983 و1987 أقمت مع العائلة في العاصمة اليونانية، أثينا، لفترة اعتقدت أنها ستكون قصيرة لنعود إلى لبنان بعد أن تهدأ أحداث الحرب الأهلية التي كانت على أشدها والتي ما زالت تداعياتها تعبث بأمن الوطن حتى أيامنا هذه. وفي مرحلة الانتظار هذه، أسست شركة للإنتاج السينمائي والتلفزيوني العربي واليوناني، وتعاملت مع ممثلين وتقنيين يونانيين من الصف الأول لتنفيذ فيلمين سينمائيين ناطقين باللغة اليونانية. كذلك قمت بإنتاج أعمال ثقافية فنية كثيرة كان أهمها أسطوانة بعنوان أورشليم "القدس" تحمل تسع مقطوعات شعرية ثورية بتوقيع

محمود درويش، سميح القاسم، توفيق زيّاد والداعي خالد حميدان ومن هذه المقطوعات: "القدس" لمحمود درويش، "منتصب القامة أمشي" لسميح القاسم، "أناديكم" لتوفيق زيّاد و"لن نركع" لخالد حميدان. هذا وقد تبنت العمل، السفارة الفلسطينية في أثينا وخصصت له ميزانية عالية بحيث صرفت أموالاً طائلة لترجمة هذه المقطوعات من العربي إلى اليوناني كلفت بها مجموعة من أساتذة الجامعة اليونانية، كما تم تكليف الموسيقي المعروف فاكيس يانوليس بوضع الألحان الملائمة لها وكان الأداء للفنان اليوناني الكبير لاكيس خالكياس بالاشتراك مع الفنانة ألكستي غوغو. وقد أوكل إليّ شخصياً الإشراف على تنفيذ العمل بسائر مراحله بالإضافة إلى كوني أحد واضعي المقطوعات الشعرية. وما أن أطلق العمل حتى سارعت الدولة اليونانية من خلال وزارة الثقافة إلى دعم العمل وتقديمه في مهرجان شعبي كبير حضره عشرات الآلاف من المواطنين اليونانيين الذين كانوا، بأغلبيتهم، متعاطفين مع القضية الفلسطينية، مما دفع وسائل الإعلام إلى الاتصال بنا لإجراء المقابلات التلفزيونية والإذاعية والصحافية. وكان عليّ أن ألبي جميع الدعوات الإعلامية لكوني الوحيد المتواجد في اليونان في وقت كان الشعراء الآخرون قد غادروا إلى ديارهم ولم يكن سهلاً عليهم الخروج من الأرض المحتلة والعودة إلى اليونان في ذلك الوقت. والطريف بالأمر أنه كان عليّ أن أستعين بسيدة

من أصل فلسطيني تدرّس في جامعة أثينا وتجيد عدة لغات، للترجمة أثناء المقابلات، كلما زارني أحدهم لأن معظم الإعلاميين لا يجيدون غير اللغة اليونانية.

غلاف الاسطوانة التي تحمل المقطوعات الشعرية المترجمة إلى اللغة اليونانية لكل من الشعراء: محمود درويش، توفيق زيّاد، سميح القاسم وخالد حميدان.

ليس هناك ما يوصف في هذه التجربة النادرة سوى أنه كان لي الشرف الكبير أن يقترن اسمي باسم الأيقونات الكبيرة الثلاث، محمود درويش وسميح القاسم وتوفيق زيّاد، الذين شكلوا ثلاثي الأدب والمقاومة على امتداد عقود من الزمن وقد ملأوا الأرض شهرة وعطاءً ونضالاً من أجل أعدل قضية في تاريخ المجتمعات الانسانية. وإذا كان لي من شعور أعبّر عنه اليوم أقول: يتملكني الخوف على القضية بعد رحيل الثلاثي المناضل، الواحد بعد الآخر. ولا شك أنها ستشتاقهم القدس بعد أن عبثت بقدسيتها السباقات والمساومات من أجل حفنة من النفوذ والمغانم.

الآن وقد استقال من ثلاثي المقاومة آخر الأوفياء، فهل تنتفض فلسطين لترهبَ الموت مجدداً وتستعيد همم الأبطال في قميص منتفضٍ ثائرٍ، أم أنها ستشد الركاب في رحلة طويلة، بعد رحيل أبطالها، إلى موطن الفراغ وغياهب الذكرى..

***

أخاله على فراش السفر مردداً

وقد دقت ساعته..

"أنا لا أحبك يا موتُ..

لكنني لا أخافك.!

أعلمُ أنها تضيقُ عليَّ ضفافك
وأعلمُ.. أن سريرَك جسمي وروحيَ لحافك
أنا لا أحبك يا موتُ.. لكنني لا أخافك".!

***

غاب وجه سميح القاسم..
دون أن يستسلمَ الفارسُ للموتِ
أو يرحلَ..
عيناه شاخصتان على أرضِه
وآلامِ شعبه
وقلبه ثائرٌ ينبض بالحنين..
إلى موقعة
يَقهرُ الجوعَ والبكاءَ ثأراً..
من عدوٍ غاصبٍ
لا يستكين..
كأنه يرفض اعتزالَ المقاومةِ مؤكداً:
قدر الفارسِ أن يصمدَ في الميادين..

الفهرس

الإهـداء	5
المقدمة	7
خالـد حميـدان يرد على كلوفيس مقصود	13
ذوقان عبد الصمد.. شاعر معاصر لغير عصره	27
سعيد تقي الدين بين اغترابين	33
خالـد حميـدان يوقع إصداراته الخمسة	55
النظرة المدرحية في الأبله الحكيم.. يوسف مروه	73
الطريق إلى الإشراق والمعرفة.. مكرم سعد	81
بين مصداقية الالتزام ومصداقية الافتراض	89
نعيم حميدان.. الابتسامة الواعدة التي لا تغيب	95
بمثل هؤلاء ننتصر..	99
الإمام الصدر.. الحاضر في رسالته ونهجه أبداً	105
ليلى البندقجي.. رحلت بدون استئذان	109
فارس بدر.. المهاجر المقيم!	113
إلى شباب لبنان.. للتذكير فقط!	121

الفهرس (2)

مكرم سعد.. العاشق للحقيقة	127
ترجمان البيت الأبيض لمدة 25 سنة	131
العادات والتقاليد الشعبية/ د. حسن أمين البعيني	143
سامي مكارم.. المسافر إلى روح التوحيد	151
الوسام الملكي على صدر وليد الأعور	155
على هامش الربيع العربي مع كلوفيس مقصود	159
كمال جنبلاط.. الرجل الذي يشتاقه لبنان في الأزمات	163
احتفال توقيع كتاب "سقوط الجمهورية"	171
خالد حميدان، وماذا بعد؟ أحمد التنوري	185
من أجل أن يولد غدي	189
الاغتراب إلى الوطن	193
تميّزك يا خالد.. مها البعيني أبو ضرغم	197
الإبراهيمي.. أكثر سرعة من التسرع	203
تقديم كتاب "نفحات من القلب"	207
سميح القاسم.. آخر الأوفياء في ثلاثي المقاومة	213

المؤلف: محطات إعلامية واجتماعية

النشاطات الإعلامية:

- مؤسس ورئيس المركز الاستشاري للإعلام
- ناشر ورئيس تحرير مجلة "أضواء"
- ناشر ورئيس تحرير جريدة "الجالية"

النشاطات الاجتماعية:

- عضو مركز الجالية العربية الكندية في تورنتو
- عضو مؤسس لجامعة اللبنانيين الكنديين
- عضو الاتحاد العالمي للمؤلفين باللغة العربية
- رئيس سابق لمجلس الصحافة الاثنية في كندا
- رئيس سابق لرابطة الإعلاميين العرب في كندا
- مؤسس ورئيس مركز التراث العربي في كندا
- مؤسس ورئيس المهرجان الكندي المتعدد الثقافات
- مؤسس ورئيس رابطة المؤلفين العرب في كندا

الجوائز التقديرية:

- رئاسة الحكومة الكندية الفدرالية
- رئاسة حكومة أونتاريو
- بلدية تورنتو الكبرى
- مركز الجالية العربية في تورنتو
- مجلس الصحافة الإثنية في كندا
- الجمعية الدرزية الكندية في أونتاريو
- رابطة المسلمين التقدميين في كندا
- رابطة الأطباء العرب في شمال أميركا
- الإتحاد العالمي للمؤلفين باللغة العربية
- جمعية "عالم إنسان بلا حدود" ـ بيروت، لبنان

صدر للمؤلف

- كتاب "الأبله الحكيم"
الطبعة الأولى (1974) الطبعة الثانية (2009) الطبعة الثالثة (2011)

- كتاب "أصداء وأضواء" (1978)
- كتاب "كلمات بلا حواجز"
الطبعة الأولى (2009) الطبعة الثانية (2011)

- كتاب "أوراق حائرة"
الطبعة الأولى (2009) الطبعة الثانية (2012)

- كتاب "بيت التوحيد بيت العرب" (2009)

- كتاب "الوصايا العشر"
الطبعة الأولى (2011) الطبعة الثانية (2013)

- كتاب "سقوط الجمهورية" (2013)
- كتاب "أقلام صادقة" (2014)
- كتاب "أقلام صادقة" (جزءان 2022)
- كتاب يوسف مروه - "الفكر الحاضر المغيّب" (2019)
- كتاب سعيد تقي الدين - "كل مواطن خفير" (2021)
- كتاب "إضاءات" (2023)
- كتاب "وجهة سير" (2023)
- كتاب "مواقف ومداخلات" (2024)